I.J.H. Paul Herzsohn

Der Überfall Alexandrien's durch Peter I., König von Jerusalem und Cypern

I.J.H. Paul Herzsohn

Der Überfall Alexandrien's durch Peter I., König von Jerusalem und Cypern

ISBN/EAN: 9783743629097

Hergestellt in Europa, USA, Kanada, Australien, Japan

Cover: Foto ©ninafisch / pixelio.de

Weitere Bücher finden Sie auf **www.hansebooks.com**

Überfall Alexandrien's
durch Peter I., König von Jerusalem und Cypern,

aus einer ungedruckten arabischen Quelle mit historischen und kritischen Anmerkungen dargestellt.

Erstes Heft.

Inaugural-Dissertation

zur

Erlangung der Doctorwürde

bei der

philosophischen Facultät

der Rheinischen Friedrich-Wilhelms-Universität zu Bonn

eingereicht

und mit den beigefügten Thesen vertheidigt

am 23. Juni 1886, Mittags 12 Uhr

von

Is. Jos. H. Paul Herzsohn

aus Schwelm.

Opponenten:

Carl Schüth, Dr. phil. u. Gymnasiallehrer.
Heinrich Hänlein, Gymnasiallehrer.
Rudolf Lenz, Cand. phil.

Bonn,

Universitäts-Buchdruckerei von Carl Georgi.

1886.

Inhaltsverzeichnifs.

Vorrede.

Übersetzung und Anmerkungen.

Erster Abschnitt. Zur Charakteristik des Autors.

Vorbemerkungen. — König Peter I. und einige seiner Kriegszüge, insbesondere der alexandrinische. Des Verfassers allgemeine Reflexionen und sein Urtheil über Peter. Dessen Vater und Brüder. Jean du Morf. Der Sulṭân al-Malik al-*Asch*raf *Scha*'bân. Yalbuġâ. Die Weissagung, dafs Alexandrien an einem Freitag eingenommen werde. Ein Traum von König Peter's Vater. Die Untüchtigkeit des alexandrinischen Vice-Statthalters G'anġarâ. König Peter von christlicher Seite angeblich schwer getadelt. Sein Gelübde u. A. (§§. 1 u. 2).

Anmerkungen zum I. Abschnitt.

Zweiter Abschnitt. Traumerscheinungen vor der Einnahme Alexandrien's.

Vorbemerkungen. — Eine Anzahl Träume ohne sachliche Daten von Belang; nur am Schlusse einige Bemerkungen über die Plünderung Alexandrien's und grausame Ermordung von zwangsweise dabei verwandten Muslimen. (§. 3).

Anmerkungen zum II. Abschnitt.

Dritter Abschnitt. Angebliche Veranlassungen zur Invasion.

Vorbemerkungen. — Ausschliefsung der christlichen Schreiber von den Kanzleien und Bedrängung der Christen und Juden in Cairo und Alexandrien. — Sulṭân Hasan läfst König Peter nicht nach Tyrus reisen, wo dieser eine Formalität für seinen Regierungsantritt zu erfüllen wünscht. — Ein fränkisches Corsarenschiff, das in den Häfen Alexandrien's sein Unwesen trieb, wird dort, statt gebührend heimgeschickt zu werden, noch mit Speise und Trank versehen, und kapert hernach ein Kauffahrteischiff. — Eine fränkische Galeere überfällt die Rosette gegenüberliegende Halbinsel und nimmt

Gefangene von dort mit. — Drei Galeeren machen in [A]bûḳîr Gefangene, die in Sidon ausgelöst werden. — Es gelangen sechs fränkische Galeeren, die ihren Curs auf [A]bûḳîr verfehlten, nach Rosette, wo ein grofser Theil der Mannschaft umkommt. — Tödtung von Venezianern in Alexandrien. — — Am Schlusse der ersten und dritten „Veranlassung" beiläufige Erwähnung der Reisen und Werbungen des Königs Peter. (§. 4).

Anmerkungen zum III. Abschnitt.

Vierter Abschnitt. Vorbereitungen auf christlicher Seite und gleichzeitige Zustände in Alexandrien.

Vorbemerkungen. — Bemühungen des Papstes um den Kreuzzug. Unterstützungen aus der Christenheit. Der Bau der Schiffe. Peter's Werbereisen in Europa. Nachrichten an Peter über die Schwäche der Alexandriner. — — Vorsichtsmafsregeln in Alexandrien auf Gerüchte von Peter's Rüstungen. Die Sorglosigkeit des Emîr Yalbuġâ trotz erhaltener Warnung. Abwesenheit des Statthalters. Sein Stellvertreter G'anġarâ. Die Freiwilligen-Corps der Miliz und ihr Hafenwachtdienst. (§§. 5 u. 6).

Anmerkungen zum IV. Abschnitt.

Fünfter Abschnitt. Geschichte der Eroberung.

Vorbemerkungen. — Die Flotte erscheint vor Alexandrien. Man hält sie anfangs für venezianische Kauffahrteischiffe, die man gerade erwartete. Ihre Einfahrt in den Baḥr al-Silsila. Vertheidigungsmafsregeln der Alexandriner. Ihre mangelhafte Bewaffnung. Die Marketender und der muslimische Pöbel. Spione von der Flotte. Beduinen und Maġribiner, erstere gleichfalls schlecht bewaffnet, nehmen an der Vertheidigung theil. Meinungsverschiedenheit über die Vertheidigungsweise. Der Versuch, die Landung zu verhindern, scheitert. Ausschiffung der Franken. Kämpfe auf der Halbinsel. Flucht der Muslime in die Stadt. Heldenthaten und Opfertod einzelner Muslime und einer Schaar der Bogenschützen der Ḳâ'at al-Ḳarâfa. Excurs über Muḥammed Ibn Salâm und seine Caserne für die genannten Bogenschützen. Falsche Taktik G'anġarâ's. Wegführung der fränkischen Kaufleute und Consuln aus Alexandrien nach der Gegend von Damanhûr. Angriff der Franken auf die Stadt. Deren Eroberung durch das Douanethor. Angeblicher Verrath des Douane-Secretärs *Sch*ams al-Dîn Ibn Ġurâb und dessen Hinrichtung. Betrachtung über die langwierige Belagerung Lorca's und die schnelle Einnahme Alexandrien's. Bravour eines Bewohners der Maḥaġġa. — — Wilde Flucht aus den Landthoren. Gut und Leben gehen im Gedränge unter. Heimsuchung der Entronnenen durch Hunger und Elend, insbesondere auch durch die Beduinen. Zweitägige Verwüstung und Plünderung der Stadt und Niedermetzelung der darin noch angetroffenen Bewohner. Transport der Beute auf die Schiffe. Rückzug auf die Flotte. Deren Grösse. Ein Theil des Raubes wegen unzureichender Transportmittel am Strand zurückgelassen, ein anderer unterwegs über Bord geworfen. Einige Landthore von den Muslimen verbrannt. Das Waffengebäude an der Zarbiyya. Ferner erwähnte Verwüstungen. Dauer des Aufenthalts. Der Abzug. Die Zahl der Gefangenen. Gräuelthaten der Franken. Yalbuġâ's Einzug in das verwüstete Alexandrien. Sein Schmerz und seine Rachepläne. Er wirft G'anġarâ die Verkehrtheit der Vertheidigung vor. Einige Verse unseres Autors bezüglich der Rückkunft der Gefangenen. (§§. 7 u. 8).

Anmerkungen zum V. Abschnitt.

Sechster Abschnitt. Die Elegie des Ibn Abî Ḥaġala nebst Commentar.

Vorbemerkungen. — Zahl und Herkunft der nach Alexandrien gelangten Kriegsschiffe. Ihre Benennung *Raben* nach ihrer Form und schwarzen Farbe. Plünderungen von Seiten der Beduinen. Die Gefangenen von Alexandrien und ihre Schicksale. Völkerschaften Europa's (*des Römerlandes* [Mittelmeergebietes]). Repressalien des Sulṭân i. J. 1368. Im selben Jahre werden christliche Gefangene von den griechischen [oder europäischen] Inseln [Mittelmeerküsten] nach Alexandrien gebracht. Die Alexandriner erwarten gegen Ende Sommers 1367 einen neuen Angriff des Königs von Cypern und rüsten sich. Der König zieht gegen Tripolis [Herbst 1367]. Bericht über seine Ermordung [Januar 1369] und die Veranlassungen dazu. Angebliche Kriegsgefahr daraus für Cypern, die des Königs „*Vetter in Genua*" ihm bereitet. Cyprische Rüstungen. Der Sulṭân faſst Miſstrauen und legt starke Besatzungen nach Alexandrien und Damiette (Mai 1371). Einfall der Genuesen auf Cypern i. J. 1373. Yalbuġâ's Rachepläne gegen Cypern nach der alexandrinischen Invasion (1365/66). Er läſst Kriegsschiffe bauen. Er legt nach dem Überfall ein starkes Heer nach Alexandrien. Die zweimalige Statthalterschaft von Ṣalâḥ al-Dîn Ibn ʻArrâm. Dessen Einzug in Alexandrien nach der Invasion. Seine resultatiosen Verhandlungen mit dem König von Cypern, nachdem derselbe mit seinem Heere schon wieder zu Schiffe gegangen war. Wiederaufbau des verwüsteten Alexandrien's und stärkere Befestigung desselben. Der Emîr Saif al-Dîn al-Akazz ist ein Jahr (bis Mai/Juni 1367) Statthalter in Alexandrien. Die von Yalbuġâ in Ägypten und Syrien gebaute Kriegsflotte, insbesondere die Flotte auf dem Nîl. Eine catalanische Gesandtschaft in Cairo [November 1366]. (§§. 9 u. 10).

Anmerkungen zum VI. Abschnitt.

Siebenter Abschnitt. Erzählungen.

Vorbemerkungen. — Mord- und Plünderungsscenen aller Art. Auftreten der Pest nach der Invasion. Die damalige Bevölkerungszahl Alexandrien's. Angebliche Stärke des Invasionsheers. Plünderungen der Beduinen bei den entflohenen Alexandrinern. (§. 11).

Anmerkungen zum VII. Abschnitt.

Glossar.

Indices.

Skizzen von Alexandrien.

Vorrede.

Die letzten Jahrzehnte haben uns eine Reihe von Publicationen zur Geschichte der Insel *Cypern* unter den *Lusignan's* gebracht, wobei vor Allem, und zwar vornehmlich durch den auf diesem Gebiete hochverdienten französischen Gelehrten L. De Mas Latrie, ein beträchtliches Quellenmaterial zu Tage gefördert ist. Auch diese Blätter werden — allerdings für eine beschränkte Periode nur — einen Beitrag zu demselben liefern. Manches Andere mehr oder weniger streifend, haben sie in der Hauptsache nur ein einziges, aber immerhin hervorragendes, Ereignifs zu ihrem Gegenstande, welches freilich, wenn auch folgenschwer genug, im Vergleich zu den vorangegangenen grofsen Begebenheiten, womit den Namen es gemein hat — den Kreuzzügen — wie eine Posse nach der Tragödie erscheint.

Im Herbst des Jahres 1365 unternahm bekanntlich *Peter I. von Lusignan, König von Jerusalem und Cypern*, nachdem er auf mehrjährigen Reisen im Abendlande die Höfe Europa's für einen neuen, vom Papst auf sein Betreiben angekündigten, Kreuzzug zu gewinnen gesucht, und bereits andere Conflicte im Orient gehabt hatte, mit einem beutelustigen, meist aus *Franzosen*, *Engländern*, *Italienern* und *Deutschen* zusammengewürfelten Kriegerhaufen, sowie den auf *Rhodus*, dem Sammelplatz des verhältnifsmäfsig kleinen Heeres, damit vereinigten Hülfstruppen der *Johanniter* und eigenen, *cyprischen* Streitkräften einen Zug nach *Alexandrien*. Er überfiel die ahnungslose Stadt, bewältigte sie nach kurzer Gegenwehr, gab sie der Plünderung und Verwüstung preis, und zog nach wenigen Tagen, als er das in Eilmärschen anrückende Heer des Sulṭân von Ägypten zum Kampf eintreffen sah, auf seinen Schiffen wieder ab.

Den für die Geschichte dieses späten Kreuzzugs und der damit zusammenhängenden Ereignisse bisher bekannt gewordenen *Quellen*[a]) tritt hiermit eine *neue*, und zwar aus dem *Orient*, hinzu.

---

a) Die Hauptquellen sind, und zwar *a*) von christlicher Seite: 1) die betreffenden Urkunden und manches Andere in *Raynaldi* Annales Eccles. ad ann. 1360—1369 und in *L. de Mas Latrie's* Histoire de l'Ile de Chypre, Bd. II u. III. Paris 1852. 1855., wozu Nachträge desselben in der Biblioth. de l'École des Chartes, XXXIV. Paris 1873; 2) Vita S. Petri Thomasii von *Philippus Mazzerius* (*Philippe de Maizières*), der, wie der päpstliche Legat, dessen Leben er schildert, selbst am Zuge theilnahm, in den Acta Sanctorum, Boll. 29. Jan. Bd. II. Antwerp. 1643; 3) La Prise d'Alixandre von *Guillaume de Machaut*, eine Reimchronik über König Peter, beendigt, wie es scheint, gegen 1373, herausgeg. von L. de Mas Latrie, Genf 1877; früher (und vor Veröffentlichung mancher Partien im 2. Bande der vorerwähnten Histoire de l'Ile de Chypre) nur in De Caylus' Auszuge, Mém. de l'Acad. des Inscr. XX, 415 ff. Paris 1753 (doch vergl. Lebeuf ibid. p. 380. 394 ff.) bekannt; 4) der als Quelle bisher unbeachtet gebliebene, in seiner Art interessante, Bericht des zeitgenössischen deutschen Dichters *Peter der Suchenwirt* in der Schilderung der Erlebnisse und Thaten *Purchart's von Ellerbach des Alten*, eines österreichischen Edlen, der die Invasion mitmachte und um 1369 starb; enthalten in Peter Suchenwirt's Werken, herausgeg. v. Alois Primisser, Wien 1827. p. 25 f. (Vers 141—186)*); 5) die *beiden ersten Biographien Urban's V.* bei Baluzius, Vitae Pap. Avenion. Par. 1693. I, 363 sqq.; 6) die gegen Mitte des XV. Jahrh. geschriebene englische Chronik (Hist. Angl.) von *Thomas Walsingham* in Camden's Anglica, Normannica etc. Frankf. 1603. p. 179. 180 sq.; 7) die mittelgriechisch im cyprischen Dialect geschriebene, bis 1458 reichende, Chronik Cypern's von *Leontios Machairas* (der im XIV./XV. Jahrh. lebte, und, wenn er sein Buch bis 1458 selber fortgeführt **), wohl einer jener cyprischen „Langlebigen" war, von

---

*) Der Herausgeber, dem nicht bekannt war, worauf sich der Bericht in Wirklichkeit bezieht, vermuthete irrig (in den Anmerk. p. 228 zu VIII, 141—186; siehe auch p. 219. 229), es sei jener Sieg *Hugo's IV.* von Cypern über die Türken gemeint, anläſslich dessen Papst *Benedict XII.* im Februar 1338 (s. *Raynald.* Ann. Eccl. ad ann. 1338, Lucca 1750. tom. VI. p. 148. *Reinhard*, Gesch. des Königr. Cypern in den Beilagen zum I. Theile p. 73 f.) ein Schreiben an denselben richtete.

**) *Sathas'* Bemerkung in der Note zu *Machairas* Bibl. Gr. II, 408: „Κατὰ πᾶσαν πιθανότητα ἐνταῦθα [nach einer Angabe vom Jahre 1438] κατέληγεν ἡ διήγησις τοῦ Μαχαιρᾶ, ὡς καὶ ἐν τῇ μεταφράσει τοῦ Στραμβάλδη· τὰ δὲ παρακολουθοῦντα σημειώματα προσετέθησαν ὑπ' ἄλλου τινός" (vergl. auch Anm. 1 in der Par. Ausg. II, 395) widerlegt sich in

Sie befindet sich in einer arabischen Handschrift der Königl. Bibliothek zu Berlin (WETZSTEIN II, 359. 360), auf die zuerst RÖHRICHT

---

denen *Steph. von Lusignan* berichtet); neuerdings griechisch mit französ. Übersetzung herausgegeben von E. Miller und C. Sathas, Paris 1882. 2 B.; früher nur griechisch in Sathas' Biblioth. Graeca med. aevi (Μεσαιωνικὴ Βιβλιοθήκη), Band II. Venedig 1873; 8) die in venezianischem (oder doch mehr oder weniger venezianisch gefärbtem) Dialect vorhandenen cyprischen Chroniken von *Diomed. Strambaldi*, *Francesco Amadi* und *Florio Bustron* (sämmtlich in Handschriften und späteren Copien zu Rom, Venedig, London und Paris), woraus Einzelnes ausser Mas Latrie, Hist. de l'Ile de Chypre II. u. III. auch Éd. Dulaurier, Recueil des Hist. des Crois., docum. armén., I. Paris 1869, mitgetheilt hat, und wovon die (bis 1458 reichende und, wie es scheint, im XVI. Jahrh. geschriebene) „Chronik von *Strambaldi*" nur eine sehr

---

Betreff Strambaldi's durch die von *Mas Latrie* III, 80 f. aus dessen Version mitgetheilten Schlufsangaben aus den Jahren 1440—1458 und scheint mir auch in weiterer Hinsicht (durch die am Schlufs so gut wie sonst sich findenden Varianten und Zusätze der Oxford. Handschr. und Anderes) immerhin noch zweifelhaft. Wie *Sathas* ferner l. c. Πρόλ. ρκε' sq. dazu kommt, eine Stelle der Chronik (Bibl. Gr. II, 69), wo am Schlusse einer weitläufigen Aufzählung der verschiedenen einheimischen Heiligen dieselben angefleht werden: „νὰ παρακαλέσουν κύριον τὸν θεὸν νὰ ἀποβγάλῃ τὴν αὐτὴν νῆσον ἀπὸ τοὺς ἄθεους 'Αγαρηνούς" für eine Zuthat des Abschreibers zu halten, sie auf die „ὑπὸ τῶν Τούρκων ἅλωσιν τῆς νήσου [ann. 1570 sq.] zu beziehen und danach (aufser dem Schriftcharakter) das Alter des Venezian. Codex dahin zu bestimmen, dafs derselbe kurz nach der Eroberung Cypern's durch die Türken geschrieben sei, ist mir schwer erklärlich. Offenbar handelt es sich gar nicht um die Türken (der bereits 1555, also geraume Zeit vor dem Ereignifs geschriebene Oxford. Cod. von einer augenscheinlich viel jüngeren und weniger ursprünglichen Recension hat nach der Paris. Ausg. I, 20 die Stelle gleichfalls schon, da dort als dessen Variante für „'Αγαρηνούς" das in der Chronik dafür gewöhnliche „Σαρακηνούς" steht), sondern um die Saracenen in Ägypten, von denen die Insel immerfort bedroht schien, und deren häufige Invasionen („. . . . ταῖς πολλαῖς φοραῖς ὅπου πῆραν οἱ Σαρακηνοὶ τὴν Κύπρον") bald nachher (Bibl. Gr. II, 70; vergl. auch ibid. p. 382) vom Chronisten noch erwähnt werden. Hat die Stelle, zu der p. 226, Z. 5—7 dort eine treffliche Parallele bietet, auf eine bestimmte Zeit und ihre Ereignisse überhaupt Bezug, so handelt es sich vielleicht um die von Machairas noch geschilderten Invasionen der Ägypter unter König *Janus* (1424—1426), und da sie ziemlich zu Anfang des Buches steht, so könnte sie uns in diesem Falle (vergl. Par. Ausg. I, 38, Z. 5 f. in der Variante d. Oxf. Ms.!) chronologisch wohl ein Fingerzeig für den Beginn der Arbeit sein. Ich würde mich dieser Bemerkungen enthalten haben, wenn sie mir nicht für die Chronik und insbesondere für die Beurtheilung der Codices von Werth schienen.

in den Forschungen zur Deutschen Geschichte, Göttingen 1879. XX, 118, Note aufmerksam gemacht hat, und die den Titel führt:

---

mangelhafte und verstümmelte Version der Chronik von *Machairas* ist*), während die von *Amadi* aus nicht genau anzugebender Zeit (XV. bis XVI. Jahrh. — sie reicht bis 1442 —) und die von *Florio Bustron* (einem cyprischen Beamten des XVI. Jahrh.) anscheinend gleichfalls Vieles, namentlich für unsere Periode, aus *Machairas* (beziehungsweise gemeinschaftlichen Quellen) haben; 9) endlich (der benutzten, zum Theil ungedruckten, älteren Quellen wegen — um von den Werken des *Steph. von Lusignan*, die für unseren Zeitraum äufserst dürftig und zudem voller Fehler und Mifsverständnisse sind, an diesem Orte abzusehen —) *Francesco Loredano's* Historie de' re' Lusignani, Bologna 1647; veröffentlicht unter dem Pseudonym (Reclame-Namen?) *Henrico Giblet*, dem die französische Ausgabe, Paris 1732, den charakteristischen Zusatz *Cypriot* gibt; ferner unter den Werken Loredano's, Venedig 1651. 1660. 1667. Sodann *b*) von muhammedanischer Seite: 1) *Makrizi's* († 845 d. Higra) Sulûk, 2) *Ibn Kâdi Schuhba's* († 850 od. 851 d. H.) I'lâm bi-ta'rîkh ahl al-Islâm und 3) *Abu 'l-Mahâsin's* († 874 od. 875 d. H.) Nuǵûm, von welchen Werken jedoch, soweit sie unsern Gegenstand betreffen, keins gedruckt ist. Das dritte legte *Deguignes*, Hist. des Huns etc. Paris 1756, seiner Darstellung der

---

*) Genauere Vergleichung zeigt, dafs *Strambaldi* ohne Zweifel nach einem Text gearbeitet hat, der dem Text des Oxford. Manuscr. sehr nahe stand, und wenn der Name „des armen Machairas" als der des Verfassers bereits in diesem, wie es der Fall ist, unterdrückt ward, indem der Copist ihn ausliefs, und das, was der Autor (nach dem Venezian. Manuscr.) von sich selbst in der ersten Person berichtet, in der dritten wiedergab (oder mitunter auch, wie es scheint, ganz überging): so thun die Veranstalter der Pariser Ausgabe des Machairas dem armen Strambaldi sicher Unrecht, wenn sie ihn in der Einleitung zum griech. Text p. VI beschuldigen, dafs er dies „*système malicieux*" (diese „*mesquines jalousies locales*", wie sie bald nachher es nennen) seinerseits befolgt habe, und „beim Übersetzen des Machairas denselben als Historiographen beständig zu verhehlen suche." Strambaldi konnte in seiner Übersetzung doch nicht geben, was ihm sein griechischer Text, in dem der Autorname als solcher offenbar gefehlt hat, gar nicht darbot! Höchstwahrscheinlich hat er nicht einmal gewufst, dafs Machairas der Verfasser seiner Chronik war. Ob er, wie es nach dem Titel seiner Übersetzung (bei *Mas Latric* II, Préf. VI, Note 1) scheinen könnte, sich hinterher die Autorschaft der Chronik als herrenlosen Gutes angemafst, entzieht sich freilich meiner Beurtheilung. Vergl. noch Bibl. Gr. II. Πρόλ. σελ. ρλε' sqq. (wo Strambaldi ebenfalls unredliche Verschweigung des Machairas zur Last gelegt ist, wie auch Amadi und F. Bustron, die ihn angeblich ausgeschrieben) und mit *Machairas* I. p. 339, Zeile 11. p. 368, Z. 6—13. p. 370, Z. 9. 11. 22 f. p. 374, Z. 1 f. die Version von *Strambaldi* bei Mas Latrie II, 393. 536. 537. 538.

Kitâb al-ilmâm bi-'l-i'lâm fî-mâ ġarat bi-hi 'l-aḥkâm wa-'l-umûr al-maḳḍiyya fî waḳ'at al-Iskandariyya, „das Buch des vollstän-

---

Begebenheiten (deutsch von Dähnert, IV, 250 ff. Greifswald 1771) mit zu Grunde; aus dem ersten und dritten gab *Silvestre de Sacy*, Chrestom. arabe 2. éd. II, 49 f. Paris 1826, kurze Auszüge, alle drei benutzte *Gust. Weil*, Geschichte der Chalifen, IV, 511 ff. Stuttgart 1860, das erste und dritte auch noch *Dulaurier* a. a. O. p. 715. *Ibn Ḳâḍî Schuhba* gebrauchte nach Weil's Angabe „ein die alexandrinische Expedition ausführlich beschreibendes Werk mit dem Titel *Kitâbu-l-i'lam bima djarat bihi-l-ahkam walumur almakdhieh fi wakaati-l-Iskanderieh*," also dasselbe, das uns beschäftigt; schon ihm scheint der Name des Verfassers unbekannt gewesen zu sein. Dafs auch *Maḳrîzî* direct oder indirect aus derselben Quelle geschöpft haben dürfte, werde ich später zeigen.

Von *Loredano's* Historie lag mir nur die französische Uebersetzung von 1732 in 2 Bänden vor, weshalb ich diese allein citire. *Raynaldi* Annal. Eccl. citire ich für die angegebene Zeit nach der Luccaer Edition Bd. VII. 1752, und *Machairas*, wenn nicht das Gegentheil bemerkt wird, nach der neuen, nach zwei Mss. (dem Venezian. und viel defecteren Oxford. Ms. — die frühere Edition war nur nach ersterem —) veranstalteten, und hier und da mit kurzen Parallelstellen aus der Version *Strambaldi's* versehenen, Ausgabe von Miller u. Sathas*), wobei ich den griechischen Text als I., die französische Uebersetzung als II. bezeichne. Von *Deguignes'* Hist. des Huns war mir im Originale nur der Anfang zugänglich. Ich citire deshalb nur aus dem I. Band danach; die übrigen Citate sind aus der deutschen Uebersetzung. Zahlreiche minder wichtige Quellen als die genannten**), beziehungsweise Angaben über Einzelheiten (z. B. Peter's Reisen und manches Andere), ebenso die sonstigen, späteren Darstellungen (s. d. *Ind.*) werden gelegentlich an ihrem Orte angeführt.

Über die Verfasser der oben erwähnten Quellenwerke — namentlich der ad *a*) 2. 3. 4. 6. 7. 8. 9. *b*) 1. 2. 3. — und diese selbst

---

*) Eine Vergleichung beider Ausgaben läfst erkennen, dafs die Pariser den Text jedes der beiden Manuscripte doch nicht überall so correct wiedergibt, wie man nach der Einleitung I, p. VII u. II, Avert. p. I erwarten sollte. Auch sieht man zwar, was die Oxford. Handschr. mehr und anders, aber wohl lange nicht immer, was sie weniger hat, als die Venezianische.

**) Von manchen dieser Art, wie den betreffenden Angaben des Münchener Soldaten *Hans Schiltberger* (erstes Viertel des XV. Jahrh.), der beiden deutschen Pilger *Joh. Tucher* und *Felix Fabri* (letztes Viertel des XV. Jahrh.) und des *Leo Africanus* (erstes Viertel des XVI. Jahrh.), werde ich unter Klarstellung ihrer chronologischen und sachlichen Irrthümer überhaupt erst noch zu zeigen haben, dafs sie sich auf die Invasion Alexandrien's durch Peter I. unzweifelhaft beziehen.

digen Berichtes über das, was die [göttlichen] Beschlüsse und Vorherbestimmungen bei dem Vorfall von Alexandrien herangeführt haben."

Der Verfasser genannter Schrift wohnte zur Zeit des Ereignisses in Alexandrien, weshalb sein Zeugnifs ohne Zweifel äufserst werthvoll ist. Er hat uns seinen Namen[b]) zwar nicht

---

findet man Weiteres in den einschlägigen Publicationen, und zwar über *Machaut*, *Maizières*, *Suchenwirt*, *Walsingham* und *Machairas* in den Vorreden und Einleitungen zu den citirten *Editionen*; über Erstgenannten auch (aufser bei *Lebeuf*, *De Caylus* und anderen in der Préface zur Edition ad a) 3. genannten Früheren) bei *Mas Latrie* in der Bibl. de l'École des Chartes, Paris 1876. XXXVII, 445 ff. und *Gaston Paris* in der Revue historique, Paris 1877. IV, 215—217 (man vergl. über ihn und seine Chronik auch *Ermisch* im Neuen Archiv für Sächs. Gesch. Dresden 1880. I, 184 ff. *Herquet* in der Zeitschr. d. Vereins für Gesch. Schlesien's XIV, 523 ff. *Herquet*, Cyprische Königsgestalten p. 13, Note und *Th. Tupetz* in den Jahresberichten der Geschichtswissenschaft, Berlin 1883. II, 316); über *Maizières* noch bei *Machairas* I, 80, *Lebeuf* in den Mém. de l'Acad. des Inscr. Paris 1751, XVII, 491 ff., in der *Hist. de l'Académie*, Paris 1751, XVI, 219 ff., bei *Reinhard*, Gesch. des Königr. Cypern, I. in der Vorrede p. XII. Not. o, *Mas Latrie* II, 272. 332 f. 381—391 und *Herquet*, Charlotta von Lusignan p. 70, Note 5; sodann über *Machairas* noch bei *Mas Latrie* III, 3 f. und (in sprachlicher Hinsicht) bei *Gust. Meyer* in Lemcke's Jahrb. für rom. und engl. Sprache u. Lit., Neue Folge III. Leipzig 1876. p. 33 ff., ebenso bei *Gust. Meyer* in der Rivista di Filologia, Turin 1875/76. IV, 255 ff. und *Mondry Beaudouin*, Étude du Dialecte Chypriote mod. et médiéval, Paris 1884; über *Strambaldi*, *Amadi*, *Florio Bustron* und *Loredano* bei *Mas Latrie*, Hist. de l'Ile de Chypre tom. II, Préf. p. II—IV. VI f. XXIV und tom. III, 78, Note 1, ebenso bei *Sathas*, Bibl. Gr. II. im Πρόλ. σελ. ρλε' — ρμ'. ρμδ' — ρμη'; über *Amadi* und *F. Bustron* noch bei *Röhricht* in den Forsch. zur Deutsch. Gesch. XX, 119 f.; über *Loredano* zugleich bei *Reinhard* a. a. O. p. IV ff.; über *Makrîzî*, *Ibn Ḳâḍî* Schuhba und *Abu 'l-Maḥâsin* unt. And. bei *Weil* l. c. IV. in der Vorrede p. XV—XXII. Aufserdem wird sich Manches in dieser Hinsicht noch im Laufe dieses Buches bieten.

b) *Gildemeister* in seinem Aufsatz „Ueber arabisches Schiffswesen" Götting. Nachr. 1882, No. 15, p. 431, Note spricht die Vermuthung aus, dafs der bei *Ḥâğî* Khalfa n. 2136 gelegentlich erwähnte *Muḥammed Ibn Ḳâsim al-Nuwairî al-Mâlikî* höchst wahrscheinlich unser Autor sei, und dafs, da das Jahr 767 d. H. als das Todesjahr dort angegeben ist, das Buch aber erst 775 vollendet wurde, das Invasionsjahr (767) irrthümlich an die Stelle des von *Ḥ.* Kh. ursprünglich wohl (wie auch mitgetheilt, sich im weiteren jedoch über seine Person und seine Verhältnisse, sowie über den Zweck, den er bei Abfassung der Schrift im Auge hatte, umständlich ausgelassen. Bevor ich zu einer näheren Besprechung des Buches übergehe, lasse ich ihn über sich selber reden, indem ich zwei Stellen seiner Schrift, die jene Nachrichten enthalten, hierhersetze. Die erste steht am Ende der Vorrede, fol. 10ʳ der Handschrift und lautet: „*Nachdem dieses Buch, das ein Ergötzen für die Verständigen ist, vollendet war, nannte ich es: „„Das Buch des vollständigen Berichtes über das, was die [göttlichen] Beschlüsse und Vorherbestimmungen bei dem Vorfall von Alexandrien herangeführt*““, *und zwar einschliefslich dessen, was ich jenem [Hauptinhalt] an gelegentlichen, nützlichen Excursen* (الاستطرادات المفيدات), *sowie gut und schön befundenen Abhandlungen, wovon du, wenn Gott will, lesen wirst, hinzugefügt habe. Ich bitte Gott betreffs der Zusammenstellung des Buches, seiner Abfassung und Nützlichkeit um Beistand. Wer einen Fehler findet, möge verbessern und wer einen Irrthum antrifft, Nachsicht üben, denn der Mensch ist dem Fehlen ausgesetzt* (فالانسان محل النسيان).“

Ausführlicheren Bescheid über den Autor, sowie Veranlassung und Zweck der Schrift und die Zeit ihrer Abfassung gibt die andere Stelle auf fol. 120ʳ u. ᵛ und 121ʳ:

„*Die Veranlassung, dafs ich dieses Buch verfafste, war mein langer Aufenthalt in Alexandrien und meine Liebe zu demselben und seinen Einwohnern. Ich kam im* Dhu *'l-Ḥiǵǵa des Jahres 737 [Juli 1337] hin, um die Frommen zu besuchen und die Stadt zu sehen. Als ich mich darin niedergelassen hatte, sah ich eine schöngebaute, schönbeschaffene und angenehm zu bewohnende Stadt, entsprechend der Schilderung des Dichters* . . . .[c]). *Ich gewann dieselbe damals lieb, nahm sie als Wohnort und verfafste dieses Buch in ihr. Im G'umâda 'l-âkhir des Jahres 767 [Febr./März 1366] begann ich es und im* Dhu *'l-Ḥiǵǵa des Jahres 775 [Mai/Juni 1374] brachte ich es zu Ende.*

Ein fernerer Grund, dafs ich sie als Wohnort wählte, war

---

sonst oft) unausgefüllt gelassenen Todesjahrs gerückt sein müsse. Den Titel des Buches kannte *H.* Kh. nicht.

c) Es folgen an obiger Stelle einige Verse ohne Belang, die ich übergehe.

das Verlangen, Grenzwachtdienst in ihr zu thun, in Gemäfsheit des Ausspruchs von ʿAbd Allâh Ibn ʿOmar[d]) „„Geboten ist der heilige Krieg, um das Blut der Götzendiener zu vergiefsen, und die Grenzbewachung, um das Blut der Muslime zu schonen, aber lieber ist es mir, das Blut der Muslime zu schonen, als das Blut der Götzendiener zu vergiefsen.““

Mein Verlangen, darin zu wohnen, wuchs sodann weiter noch nach den Worten des Dichters .....[e]). *Und so war ihre*

---

d) Der bekannte Sohn des *Khalîfen.*

e) Die dort folgenden Verse lauten:

Ich halte Alexandrien für den Inbegriff origineller Schönheit, wie sie nicht gröfser existirt.

Es ist der Grenzplatz), der ein Lächeln für den Kufs der ankommenden Gäste zeigt.*

Wenn du hingehst, so bleibt von dem, was du im Herzen hast, Nichts übrig, sobald du es von fern erblickst.

*Ich wohnte in seiner Umgebung, als ob ich in den Gärten des Paradieses wohnte **).*

Kein Brunnen war versiegt, und wie viele mit Gyps überzogene, hohe Gebäude (قصر مشيد) *sah ich dort***)!*

Ein weifser Glanz erfüllt den Horizont mit Licht, dessen Blitzen die frohe Botschaft von Regenwolken bringt.

---

*) الثغر, der *Mund* sowohl als *Grenzplatz* (ein auch sonst beliebtes Wortspiel).

**) Im Osten Alexandrien's (vor dem Raschîd-Thore) und im Südosten und Süden zu beiden Seiten des Nîl-Canals (über welchen Näheres später) befanden sich herrliche Baumpflanzungen (Palmen, Bananen, Granatbäume etc.) und üppige Krautgärten (zur fraglichen Zeit wohl auch noch Weingelände), über deren reizvollen Anblick die Besucher sich zum Theil in entzückten Schilderungen ausgelassen haben. Ich verweise hier nur auf *Abu 'l-Fedâ*, Geogr. herausgeg. von Reinaud u. De Slane p. ١٠٥ f. ١١٣. *Ibn al-Wardî*, ed. Andr. Hylander, Lund 1823. p. 50 f. *Felix Fabri*, Evagatorium in Terrae Sanctae etc. peregrin. ed. Hassler (Bibl. d. Lit. V. in Stuttg. IV. 1849) III, 144. *Breitenbach, Tucher, Helffrich, Radzivil* im Reyse-Buch des Heil. Lands, 2. Aufl. Frankf. 1670. I, 202 f. 690 f. 743. 745. II, 213 und die noch bei *Hartmann*, Erdbeschr. von Afrika (in Büsching's Erdbeschr. XII.) I, 676 ff. 707 f. angeführten Schriftsteller.

***) cf. *Ludolphus de Suchem (Suthem)*, De itin. Terrae Sanctae liber, ed. Deycks, Bibl. d. Lit. V. Stuttg. 1851. XXV, p. 36: „[Alexandria] ..... *est intus mundissima, per totum dealbata, et in unoquoque platearum angulo habet aquaeductus per fistulas currentes* ....“ Die Brunnen (Cisternen) erhielten ihr Wasser (aufser dem etwaigen Regenwasser) aus dem erwähnten Nîl-Canal bei Alexandrien. Mit dem Niedergang der Stadt kamen sie mehr und mehr in Verfall.

Schönheit und die Menge ihres Guten die Veranlassung für mich, dafs ich sie als Wohnort nahm, mich darin verheirathete und für ihre Grofsen viele Bücher in ihrem herrlichen Gebiete abschrieb.

Hernach ging ich mit den Leuten, welche sie in Folge der Invasion durch das Landthor verliefsen, aus ihr fort, und kehrte [später] zu ihr zurück, um zu sehen, wie die Muschel ihrer Perlen [ihr Zustand] nach der Gewaltthat der Ungläubigen, nachdem dieselben sie mifshandelt und tyrannisirt, geworden wäre. Da sah ich denn, was meinen Verstand verwirrte und mein Herz betäubte: Die Verwüstung verschiedener Orte, die Einäscherung mehrerer Quartiere (بعض جوانبها), die Cadaver der Maulthiere und Pferde und die Veränderung des [allgemeinen] Zustandes, welche Bestürzung bewirkt. Was die getödteten Menschen betrifft, so waren sie schon vor meiner Ankunft begraben worden. Nur ihre Gräber sah ich innerhalb der Stadt; man hatte sie in Folge

---

Ich schwöre: Wenn Cairo eines Tages Alexandrien sähe, so träte es wohl gar von seiner Einzigkeit zurück.

Wie viele Paläste sind darin, die wie unzugängliche Schlösser, nicht wie Hütten von entblätterten Palmzweigen sind (زرب من جريد) *),

Und deren Mosaikwerk (فصوصه) *ihr Erbauer in einer Art zusammenfügt, die sie die Anordnung der Perlen an der Halsschnur übertreffen läfst!*

Es hat eine Mauer, die, wenn die Feinde einen Angriff machen, mit eisernem Antlitz ihnen Stand hält.

*Sie ist [wie] der Himmelskreis und geht um Alexandrien herum; wie viele glückvolle Thurmgestirne**) sahen wir darin!*

Ein salziges Meer umgibt seine Mauer, während der Tränkort seiner Bewohner süfs zum Wasserholen ist.

Diese sind die Herren, derengleichen bei Versprechen und Drohung nicht hoffen und fürchten.

---

*) Der Dichter hat hier vielleicht die elenden, aus Dattelzweigen hergestellten, Beduinenhütten in der Umgebung Alexandrien's im Auge, worüber *Helffrich*, der ihre armen Bewohner (in der Gegend der Gärten) irrthümlich für Gärtner hielt, im Reyse-Buch, Frankf. 1670. I, 745 berichtet.

**) برج, bekanntlich sowohl *Sternbild des Thierkreises* als *Festungsthurm* und hier in einem Wortspiel Beides. — Ueber die starken Mauern, Thürme und sonstigen Befestigungen Alexandrien's habe ich unten ausführlich zu berichten.

ihrer Verwesung (لتغيّرهم) *und weil sie ihrer Fäulnifs halber* (لتزلّعهم) *nicht transportabel waren, in Alexandrien* [*selbst*], *an Ort und Stelle, begraben.*

Da rifs der Eifer für die Verhältnisse der Stadt mich fort, da spornte mich der Enthusiasmus für ihre Bewohner zur Abfassung dieses Buches in ihr an, damit die Muslime, die nach dieser unserer Zeit kommen würden, es lesen sollten, um daraus zu erfahren, was sich in vergangener Zeit in Alexandrien zugetragen, und damit sich die Herrscher von Ägypten, die nach den Herrschern unserer Zeit kommen, die Behütung der Stadt vor den Franken eifrig angelegen sein liefsen, indem sie dieselbe mehr am Zaume [*unter Obhut*] *hielten und zu ihrer Wache Besatzung hineinlegten* (بتكثير القيان بها والتركيز فيها لحراستها), *wie solches ʿAmr Ibn al-ʿÂṣ that, als er sie erobert hatte, denn dieser liefs sie lange Zeit durch die Araberstämme* (بقبايل العُربان) *bewachen. Gott möge sie mit seiner Huld und Güte bis zum Auferstehungstage in Schutz und Obhut nehmen, damit in der Zeiten Wechsel* (على ممر الليالى والايام) *die Religion des Islâm darin festgegründet sei!*"

Es ist ein sonderbares Buch, das uns der Autor hinterlassen hat, der wohl nicht so sehr beabsichtigte, ein eigentliches Geschichtswerk zu verfassen, als eine vorwiegend zur Unterhaltung geschriebene Anthologie — eine Art *Adab-Buch* — zu liefern, worin das Hauptinteresse der Überfall von Alexandrien bilden sollte. Die Ereignisse der Invasion mit den ihr vorangehenden und nachfolgenden, mehr oder weniger damit in Zusammenhang stehenden, Begebenheiten werden nicht in chronologischer Folge vorgeführt, sondern immerfort durch viel umfangreichere Excurse über alle möglichen anderen, bei jedem beliebigen Anlafs eingestreuten, Dinge in ihrer das ganze Buch durchziehenden Darstellung unterbrochen und verlegt, sodafs sich dasselbe, wie bemerkt, zu einer Art Anthologie gestaltet, aber durchgängig ernsten, belehrenden Inhalts ist. Um dem Leser von der Art dieser Excurse, die etwa sieben Achtel der ganzen Handschrift ausfüllen, und damit zugleich von der Gestalt des Buches selbst eine ungefähre Vorstellung zu geben, lasse ich hier ein kurzes Inhaltsverzeichnifs solcher die Haupterzählung unterbrechenden Abschweifungen aus einem kleinen Theil desselben (fol. 40ᵛ bis 79ᵛ) folgen.

Die Erwähnung der Banu 'l-Aṣfar (Europäer) auf fol. 40ᵛ führt den Verfasser zur Erklärung des Namens, wobei von Alexander's des Grofsen Ehen die Rede ist. Demnächst erzählt er, warum Muḥammed auch Ibn Abî Kabscha genannt wird, 41ᵛ; sodann, dafs ein römischer Kaiser eine abyssinische Königstochter zur Frau gehabt habe, deren Sohn und Nachkommen aṣfar allaun (von gelber Farbe) gewesen seien. Darauf verliert er sich in folgende weitere Abschweifungen über: Arten der Frauen, Vorzüge der Abyssinierinnen, Lob der gelben und der schwarzen Frauen mit Anekdoten und Versen, Tadel der Frauen — 43ʳ; Beduininnen — 43ᵛ; Liebe der ʿUdhriten, mit längeren Gedichten, — 46ʳ; Liebende und die Liebe, mit vielen Versen, besonders des Magnûn, Anekdoten von Beduinen und ihrer Geistesschärfe — 50ᵛ; Verse auf die Augen, Türkinnen, Römerinnen (Griechinnen), bildliche Ausdrücke für Frauen — 54ᵛ; Freilassung und Heirath, vielfach juristischen Inhalts — 57ʳ. Ein Vers, worin al-Schâm vorkommt, veranlafst ihn zur Erklärung des Namens, 57ʳ und zu der Beschreibung von Damaskus und dessen Lob — 58ʳ; dann redet er über die dortige Gʿâmiʿ (Hauptmoschee) — 60ᵛ; über David und Salomo 60ᵛ; die Kirchen der Christen bei der Eroberung, Baṭrik und Baṭrak (Patricius und Patriarch) — 61ᵛ; Muʿâwiya's Correspondenz mit dem Kaiser von Byzanz, dessen Geschichte und Anekdoten von ihm — 67ʳ; Anekdoten von Aṣmaʿî — 68ᵛ; die Geschichte des Saif Dhu'l-Yazan 69ʳ—71ᵛ; das Wort Miḥrâb — 72ʳ; ʿAmr Ibn Rabîʿa als Erfinder der Mangânîk (Wurfmaschinen für den Krieg), die Geschichte von Zabbâ und Kuṣair, die Dichter Imrn' al-Ḳais und Zaid Ibn ʿAdî — 73ᵛ; über Verschiedenes — 74ᵛ; über den Bau von Alexandrien und einige Anekdoten von Maʾmûn, Alexander's Name, Alexandrien's Eroberung durch die Gefährten Muḥammed's, Kriege Saif al-Daula's von Ḥaleb, die Geschichte der Karmâten, die Geschichte der Kaʿba und des heiligen Steins — 79ᵛ.

Diesem einen gröfseren Beispiel von dem Inhalte des Buches und seiner Anordnung sei zur weiteren Veranschaulichung als ein kleineres anderer Art hinzugefügt, worüber beiläufig fol. 2ᵛ, Z. 3 v. u. und weiter in der Vorrede gehandelt wird. Der Verfasser bespricht dort die *Sch*ahâda's aufser den eigentlichen, Reinheit, Gebet, Almosen, Wallfahrt und Fasten, andere Pflichten der Amâna, einige Traditionen, die Farâ'id, die einzeln durchgenommen werden, den Unterschied von Îmân und Islâm, den Yakîn, 'Adl, G'ihâd u. A. Auch handelt er dort über die Rawâfiḍ und *Kh*awârig' und über al-*Sch*ukr und al-Ḥamd.

Ein Theil des für uns in Betracht kommenden Stoffes befindet sich in einem durch ähnliche Excurse sehr umfangreichen Commentar zu der vom Verfasser mitgetheilten und in gegenwärtige Schrift aufgenommenen Elegie des *Ibn Abî Ḥag'ala* f). Aufserdem theilt derselbe, und zwar ohne Commentar, noch andere grofse Klagegedichte, in denen Alexandrien betrauert wurde, mit, von deren Aufnahme jedoch Abstand zu nehmen war, da sie keine deutlichen neuen, historischen Daten bieten. Nur ein kleines Stück daraus, welches er vorausgenommen und in seine Darstellung verflochten hat, gebe ich gleichfalls hier, da es mir der Beachtung nicht ganz unwerth schien. Über einiges Andere, das ich weggelassen, berichte ich unten noch.

Die seltsame Art und Weise, in welcher der Verfasser sein Buch geschrieben, hat in gewissem Grade etwas Verwirrendes und jedenfalls ist sie äufserst mifslich. Nicht genug, dafs er die Darstellung seines eigentlichen Gegenstandes, die Geschichte des Überfalls von Alexandrien, immerwährend unterbricht, indem er tausenderlei Anderes, das er hineinwirft, damit verknüpft — auch noch innerhalb der Geschichtserzählung selbst springt er beständig vom Einen aufs Andere über. Bald anticipirt er Dinge, die an einen spätern Ort gehören, und läfst sie wieder fahren, um sie nachher ausführlicher zu behandeln; bald — und es ist dies zum Theil die blofse Folge jener Vorausnahme — erzählt er wieder und wieder, mehr oder weniger verquickt mit Neuem, was der Leser früher schon von ihm vernommen hat.

Seine Diction ist salopp und neigt sich sowohl in grammatischer als lexicalischer Hinsicht — wie die Schreibart der Historiker jener Zeit überhaupt — häufig der Vulgärsprache zu. Er hat Vieles in gereimter Prosa geschrieben, wobei es nicht an

---

f) Näheres über denselben bei Mittheilung der Elegie im VI. Abschn.

jenen zierlichen Tautologien fehlt, die den ehrlichen Übersetzer manchmal in Verlegenheit gerathen lassen.

Inhaltlich bietet das Buch sowohl in Bezug auf die alexandrinische Invasion selbst, als auf die Ereignisse, die als Veranlassungen oder Nachwirkungen damit in Verbindung stehen, eine Fülle wichtigen und interessanten Materiales, welches das in den bekannten Quellen Enthaltene theils berichtigt oder bestätigt, theils erläutert und erweitert. Die christlischen Quellen (was aus den muḥammedanischen bisher bekannt ward, ist im ganzen ziemlich dürftig) geben uns umfassendere Berichte über Mancherlei, das der Expedition vorausging, so namentlich über die Reisen, die der König von Cypern, um Unterstützung für den Kreuzzug zu gewinnen, durch Europa machte, über die bezüglichen Verhandlungen und die Expedition selbst bis zu dem Zeitpunkt, da die Flotte in den Hafen von Alexandrien einlief. Auch über die Landung und die sich daran schliefsenden Kämpfe melden sie, namentlich *Guillaume de Machaut*, Ausführliches. Sie verschweigen ebenso die Thatsache nicht, dafs viel gemordet, geplündert und zerstört wurde; aber erst den Alexandriner, der die traurigen Folgen des Überfalles noch geraume Zeit vor Augen hatte, sehen wir sich die Mühe geben, auch über diesen Punkt, die Schrecknisse der Invasion, mehr Licht noch zu verbreiten. Er führt uns über rauchende Ruinen, in leergeschleppte Bâzâre, durch geplünderte Häuser, Academien und Moscheen, durch menschenleere Strafsen über Berge von Leichen, und indem er überall das Bild des Todes und der Zerstörung vor uns aufrollt — sehr instructiv ist in dieser Hinsicht auch eine Reihe kleinerer Erzählungen, die ich im VII. Abschnitt mittheile — gewinnen wir bei der Fülle des Details, das uns dabei entgegentritt, zugleich manchen culturhistorisch interessanten Einblick in die damalige Stadt und ihr Leben. Auch über gewisse militärische und sonstige Verhältnisse Alexandrien's vor und nach dem Überfall, und zum Theil in näherer Beziehung dazu stehend, erfahren wir manches Neue. Sehr wichtig sind auch die zahlreichen chronologischen Daten, die der Verfasser gibt.

Über die auswärtigen Vorgänge und Zustände, z. B. die Reisen des cyprischen Königs, seine nachmalige Ermordung, die Bedeutung des Papstes, gewisse frühere Ereignisse und Anderes, das für unsern Gegenstand in Betracht kommt, erscheint der Verfasser gleichfalls als nicht ununterrichtet, aber in den Mittheilungen über diese Dinge, die er zumeist nur von Hörensagen weifs und nicht näher prüfen konnte, liegt nicht der Werth seines Buches; manchmal sind sie sogar verschroben und verkehrt und mitunter erscheinen sie uns geradezu als lächerlich.

Dagegen verdienen seine nackten Berichte über jene Vorgänge, die sich gewissermafsen unter seinen Augen vollzogen, im allgemeinen vielen Glauben, wie ich dies schon oben andeutete, wenngleich da, wo er zu raisonniren und zu philosophiren anfängt, weniger auf ihn zu geben ist. Zeigt er sich auch voll religiösen Starrsinns, in welchem Punkte er sich übrigens von den christlichen Historikern seiner Zeit nicht allzu sehr unterscheidet, und von unaussprechlichem Hafs gegen die Franken erfüllt, den ihre Gewaltthätigkeiten, wie sie ihn zum Theil erregt, in gewissem Grade auch entschuldigen lassen: so offenbart sein Bericht über die Invasion gleichwohl ein Streben nach wahrheitsmäfsiger Schilderung und eine gewisse Unparteilichkeit. Ich erinnere in dieser Hinsicht nur an die Erzählung der Vorgänge, die in der Nacht vor der Landung des Frankenheeres stattfanden, insbesondere an die Angaben über die damaligen Schimpfereien des muslimischen Pöbels und das Verhalten des cyprischen Königs und seiner Leute dazu, sodann an die Schilderung der Kämpfe, die Kritik der Vertheidigungsweise und die Berichte über den Einfall und die Plünderungen der Beduinen.

Der *Codex* der Königl. Bibliothek zu Berlin, dessen Benutzung mir in den Räumen der hiesigen Universitäts-Bibliothek gestattet war, ist der einzige bekannte. Er besteht aus zwei Bänden und ist im Orient paginirt, enthält jedoch nicht 272 Blätter, wie die Paginirung angibt, sondern nur 270, da 188 und 189 überschlagen sind. In Folioformat hat er 27 Zeilen auf der Seite und sein erster Band reicht bis fol. 139. Auf dem Vorsetzblatte finden sich in arabischer Sprache mit fehlerhafter Schreibung die folgenden Bemerkungen:

„723. Dies ist das Buch des sehr gelehrten Imâm[g]*) über das, was die [göttlichen] Beschlüsse und Vorherbestimmungen bei dem Vorfall von Alexandrien herbeigeführt haben. Es besteht aus*

---

g) Auch der Schreiber obiger Zeilen scheint den Namen nicht gekannt zu haben.

zwei Theilen und die Zahl seiner Blätter beträgt 272, welche complet sind [*s. o.*].

Am 15. des I. Rabî' 1170 [oder *1270*; d. i. 8. December 1756 oder 16. December 1853].

Es trat in den Besitz von al-Ḥâǵǵ Muḥammed 'Uthmân. Gott verzeihe [*ihm,*] *seinen Ältern* (sic! غفر الله ولي والديه) *und allen Muslimen! Amen, Amen!*"

Leider enthält der Codex nicht das ganze Werk. Schon der Abschreiber hatte — so scheint es nach der Form des umgekehrten Kegels ‾V‾, die er dem Schlusse gab, um dem Buch das Ansehen der Vollständigkeit zu leihen — das Ganze nicht mehr vor sich. Vom Verfasser aber wird das Werk in der That vollendet worden sein, da er ja in seiner oben mitgetheilten Angabe ausdrücklich versichert, dasselbe im Dhu 'l-Ḥiǵǵa 775 zum Abschlusse gebracht zu haben.

Der fragmentarische Charakter der Handschrift geht sowohl daraus hervor, dafs dieselbe mitten in einer Auseinandersetzung abbricht, als auch aus dem weiteren Umstand, dafs der Verfasser viele und theils wichtige Dinge in seinem Buche leicht berührt, über die er, wie er dabei angibt, später ausführlicher berichten will, während sich nur ein Theil davon in den vorhandenen beiden Bänden des Manuscripts behandelt findet, und man das Übrige vergebens darin sucht. Von solchen Stellen, an welchen der Verfasser auf eine spätere Behandlung ihres Gegenstands verweist, führe ich die wichtigsten der unsern Fall direct oder indirect betreffenden unten an[h]).

h) Es sind dies folgende Stellen der Handschrift mit den beibemerkten (wohl im fehlenden Theil des Werkes vorgekommenen) Begebenheiten:

Fol. 2v. u. 37v. d. Handschr. Der Zug des Sunǵuwân Dimurf [Jean du Morf] gegen Alexandrien und sein Zusammenstofs mit den Muslimen im Dhu'l-Ḥiǵǵa d. J. 770.

Fol. 10r. 166v. u. 169v. Die Expeditionen König Peter's [I.] von Cypern gegen Ṭarâbulus [Tripolis] in Syrien und Âyâs [Lajazzo].

Fol. 94v. Die Reisen und Werbungen desselben, sowie die Hülfe, welche ihm die christlichen Mächte leisteten.

Fol. 95r. Das Kapern zweier Schiffe innerhalb und aufserhalb des Hafens von Alexandrien.

Fol. 97r. Der Grund, warum [bei einem Volksaufstand i. J. 727 d. H.] die venezianischen Franken in Alexandrien getödtet wurden.

Der Text des Codex ist ein ziemlich guter, obschon bei weitem nicht frei von Fehlern; auch ist er im ganzen recht sauber und correct geschrieben und von mehreren Händen corrigirt[1]).

Ich habe aus dem Vorhandenen sämmtliche Partien, welche auf die alexandrinische Invasion und die sonstigen Unternehmungen des Cyprioten irgendwie Bezug haben, übersetzt und diese kleineren und gröfseren Excerpte in gewisser Weise, und soweit es mir möglich schien, zu gliedern gesucht. Den gesammten Stoff findet der Leser in den verschiedenen Abschnitten auf Paragraphen vertheilt.

Aufser einigen schon oben erwähnten Elegien sind jedoch noch manche andere Verse, Anekdoten und Sonstiges, das keine historische Ausbeute lieferte und mir auch in anderer Hinsicht der Mittheilung nicht werth schien, ausgeschlossen worden, ebenso in der Regel auch gewisse conventionelle Phrasen — darunter vielfach die stereotypen Wunschformeln nach den Namen von Personen — nutzlose Überschriften und endlich jene, wenn auch sachlichen, Stellen, die lediglich Wiederholungen, z. B. in einzelnen kürzeren Sätzen nur das Datum und Allgemeinste der In-

---

Fol. 102r. 185v. Die Statthalterschaft des Emîr Saif al-Dîn al-Akazz in Alexandrien.

Fol. 109r. Die Eroberung von Anṭâliya [Satalia].

Fol. 110r. 118r. 150r. u. 261r. Erlebnisse der Gefangenen in Europa und Rückkehr eines Theils derselben nach Alexandrien, sowie Bericht über die von Genua und Cypern zurückgekehrten Gefangenen und das Datum ihrer Heimkunft.

Fol. 150v. Einbringung fränkischer Gefangenen und ihres Mönchs nach Alexandrien.

Fol. 187r. Genauere Zeitangabe über die Versenkung der Steine in den Baḥr al-Silsila [den westl. Hafen von Alexandrien], die Anlage des neuen Festungsgrabens von Alexandrien und nähere Beschreibung davon.

Fol. 261r. Der Grund, warum der König [Peter I.] von Cypern eine Abtheilung Gefangener nach Alexandrien zurückschickte.

1) Auf Textmängel, welche sich beim ersten Blick als blofs grammatische oder orthographische Fehler erweisen und so von selbst erledigen, gehe ich im allgemeinen nicht weiter ein; wo sie aber die Ermittlung des wahren Sinns beeinflussen, trage ich ihnen immer Rechnung.

vasion enthalten. Indefs sind solche wiederholte Angaben, wenn auch im Text der Übersetzung ausgelassen, in den Anmerkungen noch berücksichtigt worden, wo auch einige sonstige Stellen, für welche es die Öconomie erforderte, und die zum Theil schon durch Einschaltungen in den Text als dort befindlich angekündigt sind, ihren Platz gefunden haben. Trotz der Auslassungen letzterwähnter Art konnte ich störende Wiederholungen nicht ganz vermeiden, denn wie ich oben schon bemerkte, ist manches Spätere mit Früherem, wiederholt Berichtetem, verbunden, und zwar so, dafs bei wörtlicher Mittheilung des Einen die Scheidung von dem Anderen nicht thunlich ist. Um dem Historiker den Stoff aber möglichst zuverlässig darzubieten, entschlofs ich mich, ihn nicht in eine fortlaufende, eigene Darstellung zusammenzuziehen, sondern in extenso ihn zu geben, wie ich ihn vorfand.

Bei der Übersetzung bin ich bestrebt gewesen, mich dem Original auf engste anzuschliefsen, was zu erreichen nicht immer leicht war. Ich habe in dieser Absicht weniger auf Eleganz, als möglichst grofse Treue Bedacht genommen und mag dabei mehr als einmal hart an die Grenze, die uns der Genius unserer Sprache zieht, gelangt sein. Gleichwohl wird der Leser Manches, das ihm durch Incorrectheit des Gedankens oder Zerflossenheit der Form mifsfallen dürfte, nicht mir, sondern unserem Autor anzurechnen haben, den ich, wie bemerkt, genau zu übertragen und deshalb nirgend zu verschönern suchte.

Aus dem genannten Grunde übersetzte ich auch die von mir mitgetheilten, zuweilen schwierigen, Verse in Prosa, nicht, wie ich anfangs beabsichtigte, in metrischer Form, doch war das Streben nach Genauigkeit nicht der einzige Grund, der mich bestimmte. Mehr als einmal machte ich die Erfahrung, dafs eine schlichte Prosa-Übersetzung — die *disjecta membra* — von Gedichten, die in einer von der unsern so sehr verschiedenen Sprache, wie der arabischen, geschrieben sind, mich ungleich mehr anmuthete, als eine metrische mit ihrem Aufputz von erborgtem Reim und Rythmus, und in Fällen, wo ich das Original später kennen lernte, als die metrische Übertragung, war ich oft sehr enttäuscht und unwillig, dasselbe gar nicht so „schön" zu finden, wie mich diese hatte glauben machen, von dem entgegengesetzten Falle, dafs sich die Entstellung nach der Seite des Häfslichen vollzogen, ganz zu schweigen. So dachte ich denn, dafs auch Andere die gleiche Wahrnehmung gemacht, mein Mifstrauen gegen derartige metrische Übersetzungen, die doch nie ein treues Bild des Originales geben, theilen würden, und bediente mich der Prosa.

In den umfangreichen Anmerkungen ist auf die bisherigen Quellen und Bearbeitungen gebührend Rücksicht genommen. Ich war bemüht, durch deren Vergleichung miteinander und mit unserm Autor Irrthümer zu berichtigen und neue Resultate zu gewinnen, vor Allem aber, so viel mir möglich war und angemessen schien, den Text selber zu erläutern.

Hatte ich bei Bearbeitung dieser neuen Quelle zunächst auch das Interesse des Historikers im Auge, dem ich dieselbe zur weiteren Benutzung übergebe, so war ich nichtsdestoweniger bedacht, auch dem Philologen zu genügen. Das Buch enthält eine nicht geringe Anzahl sowohl nur wenig oder in anderen Bedeutungen belegter, als in den Lexicis gänzlich fehlender Wörter. Ich habe die in unseren Partien vorkommenden dieser Art, von denen ich überdies eine Auswahl zu einem *Glossar* am Ende dieser Schrift zusammenstelle, in den Text der Übersetzung eingerückt, ebenso auch gewisse Constructionen und was mir sonst von Interesse schien, wie hin und wieder der im Original gebrauchte, charakteristische Ausdruck. Abweichungen gegen die classische Orthographie, darunter auch der Gebrauch von ي statt ئ, sind im allgemeinen beibehalten. Hoffentlich werden diese Einschaltungen den der Sprache Unkundigen nicht stören; ich bitte ihn, darüber wegzulesen.

Von einer Veröffentlichung des Original-Textes, der nach der vorerwähnten Ausbeutung an sich kein erhebliches Interesse bietet, mufs ich im Hinblick auf die buchhändlerischen Schwierigkeiten, die dem Abdruck arabischer Texte entgegentreten, Abstand nehmen.

Endlich noch einige Bemerkungen über die hier angewandte Transcription arabischer Wörter, die Klammern und Ähnliches.

Ich bezeichne die arabischen Consonanten nach ihrer alphabetischen Reihenfolge durch:

....' (doch so nur innerhalb des Wortes und im Auslaut; zu Anfang steht blofs der zugehörige Vocal) b, t, th, ǵ, ḥ, kh, d, dh, r, z, s, sch, ṣ, ḍ, ṭ, ṭh, ...‘, ġ, f, ḳ, k, l, m, n, h, (das doppelt punktirte hâ am Schlusse nur in der Genitivverbindung, und zwar alsdann wie tâ durch t) w und y, gebe die kurzen Vocale durch a, i, u, die langen durch das darüber gesetzte Zeichen der Dehnung (^) und die Diphthonge durch ai und au wieder.

In consequenter Durchführung dieser Transcriptionsweise unterlasse ich die Assimilirung in den bekannten Fällen und schreibe daher z. B. al-Nâṣir, Tâǵ al-Dîn u. s. w. (nicht an-Nâṣir, Tâǵ ad-Dîn etc.), doch bezeichne ich den Artikel, wenn ihm ein Vocal vorhergeht, und zwar unter Verkürzung des etwaigen langen Vocales, durch ’l, z. B. Dhu ’l-Ḥiǵǵa etc.

Die kurzen Flexionsvocale am Ende der Wörter und Ähnliches lasse ich fort. Für das Nisba-Suffix des Masculinums steht, wie üblich, î.

Von diesen Grundsätzen bin ich nur bei einer kleinen Anzahl orientalischer Wörter, die sich in mehr oder weniger verschiedener Aussprache vollkommen bei uns eingebürgert haben, abgewichen.

Das in runden Klammern Stehende gehört zum Text der Handschrift; die eckigen Klammern enthalten Bemerkungen, die ich zur Erklärung und Orientirung hinzugefügt. Ebenso ist es in den Anmerkungen bei Citaten aus anderen Werken gehalten. Unsichere Vocale in mangelhaft punktirten Eigennamen (wie z. B. der zweite Vocal im Namen Ǵanǵ*a*râ) sind durch abweichenden Druck kenntlich gemacht, ebenso die zur Transcription von nur je einem arabischen Consonanten dienenden Gruppen th, kh, dh, sch und ṭh; eine Methode, die ich hier im allgemeinen auch bei Umschreibung aus anderen orientalischen Sprachen angewandt. Die Zahlen am Rande der Übersetzung bezeichnen die Blätter und Seiten der Handschrift.

Damit der Leser den vielen in diesem Buche vorkommenden topographischen Angaben und Untersuchungen über Alexandrien besser folgen könne, gebe ich am Schlusse eine *Skizze* nach dem Plane von *D'Anville* (Mémoires sur l'Égypte), wozu ich noch bemerke, dafs die Partie zwischen beiden Häfen zur Zeit der alexandrinischen Invasion ohne Zweifel beträchtlich schmaler war, als sie dort erscheint. Zur Vergleichung theile ich auch einen Abrifs nach *D'Anville's* Plan vom antiken Alexandrien mit, obschon dieser, wie es den Anschein hat, nicht frei von wesentlichen Mängeln ist. Von den verschiedenen Localitäten, Gebäuden, Thoren, Gräben etc., die unser Autor angibt, habe ich dasjenige noch in die Skizze eingetragen, dessen Bestimmung mit ziemlicher Sicherheit erfolgen konnte; andere von mir versuchte Bestimmungen, die weniger gesichert schienen, unterliefs ich dort anzumerken.

Die beigefügten *Indices* werden die Benutzung des Werkes wesentlich erleichtern.

Ich kann nicht schliefsen, ohne meinem hochverehrten Lehrer Herrn Professor Gildemeister, der mich, wie bei meinen orientalischen Studien während der letzten Jahre überhaupt, so auch bei Herausgabe dieses Buches in liebevollster Weise unterstützt hat, meinen innigen Dank hier auszusprechen.

Bonn im Mai 1886.

Übersetzung und Anmerkungen.

Erster Abschnitt.

Zur Charakteristik des Autors.

Vorbemerkungen. — Der Verfasser ist als orthodoxer Muslim ein starrer Anhänger der Prädestinationslehre. Er sieht alle Vorgänge „in der irdischen und überirdischen Welt", das Gröfste und das Kleinste als das Resultat einer unabänderlichen Vorherbestimmung der göttlichen Vorsehung an, der die geschaffenen Wesen nicht entrinnen können. So betrachtet er auch die Invasion des Königs von Cypern. Er wird nicht müde, unablässig zu wiederholen, dafs es nicht eigentlich der Cypriote, der Schwächste unter den Königen, gewesen sei, der Alexandrien erobert habe, sondern Gott, worin er eine gewisse Tröstung und Beruhigung erblickt. Unerträglich ist ihm der Gedanke, dafs die Stadt dem Cyprioten als solchem unterlegen sei, und in einer Reihe von Betrachtungen, theils in der Vorrede, theils an anderen Orten, sucht er denselben abzuweisen. Allerdings zeigt er sich in dieser Hinsicht — gleichsam mitunter sich vergessend — nicht immer völlig consequent, da er wiederum Manches, was der Sphäre menschlicher Thätigkeit und Unterlassung angehört, wie die Plötzlichkeit der Überfalls, die Unachtsamkeit des Gouvernements in Cairo, die Verkehrtheit der Vertheidigung, gewisse Wenn und Aber u. A. als an sich beim Erfolg mitwirksam und entscheidend hinstellt, während solches anderswo bei ihm freilich gleichfalls wieder im festgeschlossenen, allgemeinen Rahmen der Vorsehung erscheint. Da es für die Beurtheilung des Autors, mit dem wir uns in der Vorrede in anderer Hinsicht schon befafsten, nicht unwichtig sein dürfte, ihn auch von dieser Seite näher kennen zu lernen, wenngleich seine Reflexionen über die vulgärsten Anschauungen des Muḥammedaners nicht hinausgehen, so theile ich zunächst in §. 1 die sich darauf beziehenden Abschnitte seiner Vorrede und deren einleitende Worte mit, dem ich in §. 2 noch manches sonst dahin Gehörige aus anderen Theilen des Buches anschliefsen werde. Aus diesen Stellen, an welchen sich der Verfasser unter Anderem namentlich über den König Peter verbreitet, erfahren wir zugleich, was er im allgemeinen von demselben weifs und wie er ihn beurtheilt. Weiteren Angaben über ihn begegnen wir noch sonst.

König Peter I. und einige seiner Kriegszüge, insbesondere der alexandrinische, p. 3. 5—7. 11 ff. Des Verfassers allgemeine Reflexionen und sein Urtheil über Peter, p. 2—14. Dessen Vater und Brüder, p. 5 f. Jean du Morf, p. 6. Der Sulṭân al-Malik al-As*ch*raf *Sch*a'bân, ibid. Yalbuğâ, ibid. Die Weissagung, dafs Alexandrien an einem Freitag eingenommen werde, p. 10 f. Ein Traum von König Peter's Vater, p. 11. Die Untüchtigkeit des alexandrinischen Vice-Statthalters G'anğarâ, p. 12 f. König Peter von christlicher Seite angeblich schwer getadelt, p. 10. 13 f. Sein Gelübde, p. 14 u. A. (§§. 1 u. 2.)

§. 1.

1v Im Namen des barmherzigen und gütigen Gottes. Gott neige sich über unsern Herrn Muḥammed und seine Familie und behüte sie!

Lob sei Gott, dem Einzigen und Allvermögenden, dem Mächtigen und Gewaltigen, der erhöht und erniedrigt, den rechten Weg führt und davon abirren läfst, dem Inhaber des herrlichen Thrones, der bereiten Macht und starken Gewalt, der da thut, was er will! Ich lobe ihn für Glück und Unglück und danke ihm für das Süfse des Lebens und das Bittere des Todes. Ich bezeuge, dafs es keinen Gott aufser Gott allein gibt und dafs er keinen Genossen hat, mit dem Zeugnifs eines seine Güte Bekennenden, der die Prüfung erduldet. Ich bezeuge, dafs Muḥammed sein Knecht und Gesandter ist, das Siegel der Propheten und der Herr der Auserwählten, zu allen Menschen geschickt, um die Religion des Islâm zu stiften, und dafs er die Leitung zum Paradiese ist. Er führte für Gott seinen heiligen Kampf in richtiger

Weise und Gott leitet durch ihn, wen er will von seinen Knechten[1]). Er sandte in seinem deutlichen Buch zu ihm hernieder: „الم Bewältigt wurden die Griechen im nächstgelegenen Lande, doch werden sie nach ihrer Besiegung in wenigen Jahren Sieger sein“[2]).

Gehen wir zur Sache über. Was die Grenzstadt Alexandrien, die bewachte, anbelangt, so reichte seit der Zeit, dafs Khâlid und *'Amr*[3]) sie erobert und die Muslime zu verbieten und befehlen darin hatten, weder eines tyrannischen Gewalthabers, noch eines ungläubigen Götzendieners Hand daran. Vielmehr kehrte Jeder, der von der Seeseite her danach trachtete, enttäuscht und ohne Erfolg wieder um[4]). In der That war den Muslimen im Lauf der Jahre gesicherte Macht und bestandvolles Glück darin zu Theil geworden, bis das verhängnifsvolle Ereignifs eintrat im Monat Muḥarram des Jahres 767 nach der Auswanderung Muḥammed's, des Herrn der Gesandten, des Siegels der Propheten.

Heran kam auf dem Meer mit seiner Flotte an der Spitze seines Heeres, des in Irrthum befangenen, der verfluchte Hund *Ribîr Buṭrus*[5]) ([Rè Pier(o) Petrus] رِبِيرْ بُطْرُس), Fürst von Cypern, wie ein Räuber und Bandit (لص وشلح), verletzte die Grenzstadt mit seinem Schwerte, tyrannisirte sie durch seine Gewaltthat und Mifshandlung und erlangte die Vollführung seines Werkes in Sieg und Überwindung.

Es war das Werk Gottes ein verhängtes Geschick, und nicht fand der Sieg, den jener erlangte, durch seine eigene Macht und Stärke, sondern durch die Bestimmung Gottes und dessen Macht statt, nachdem solches in dessen Wissen [seiner Vorsehung] vorangegangen war, bis er es durch seinen Befehl und Machtspruch zur Ausführung brachte. Gott gehört der Befehl vorher und nachher an; er thut, was er will[6]), und entscheidet, was er will. [Vers]:

„Nicht ist Etwas, aufser, dafs du es so gewollt hast, und hättest du es nicht gewollt, so wäre es nimmer so.“

Nicht findet in der irdischen und überirdischen Welt das Zwinken eines Auges, das Abspringen eines Gedankens, das Aufschlagen eines Blickes anders, als durch die Vorherbestimmung Gottes, seinen Beschlufs, sein Wollen und Verlangen statt, und von ihm kommt das Gute und das Böse, der Nutzen und der Schaden, die Hoheit und die Niedrigkeit, die Hülfe und Imstichlassung, der Gehorsam und die Widerspänstigkeit, die gute Führung und der Glaube, der Islâm und der Unglaube, der Gewinn und Verlust, das Irrgehen und der rechte Wandel.

Es belehrte der Prophet sein Volk, dafs es verstehe, dafs *Gott* in jeder seiner Sachen [Schickungen] der Überlegene sei und dafs es solche als eine ihm von Gott ertheilte Lehre, nicht als eine Überlegenheit seiner Feinde betrachte. Und so hat denn der Prophet gesagt: „Fürwahr, sie werden unterliegen gemacht, wie sie siegen gemacht werden[7].“

2r Wisse, dafs, wenn die Bestimmung herabkommt, der freie Spielraum eng wird, und wenn das Geschick herniederfährt, die Vorsicht umsonst ist.

Es hatte ein Frommer ein kleines Kind, und dies ging verloren. Da sagte man zu ihm: „Wenn du Gott anriefest, dafs er es dir wiedergäbe!“ Er aber sprach: „Ihn meinerseits hinsichtlich dessen, was bestimmt ist, anzugehen, würde mir härter, als der Verlust meines Kindes sein.“

In den israelitischen Überlieferungen (الاسرائليّات) wird berichtet, dafs einer der Propheten an einer ausgelegten Schlinge vorbeikam und siehe! nahe dabei war ein Vogel. Da sprach der Vogel: „O Prophet Gottes! Hast du wohl Einen mit weniger Verstand, als diesen Mann, gesehen? Er legte diese Schlinge, um mich darin zu fangen; ich aber — ich fliege nicht hinein!“ Und jener ging von ihm weg. Hernach kam er wieder und siehe da! der Vogel war in der Schlinge[8]. „O Wunder über dich“! sagte er zu ihm, „warst du es denn nicht, der so und so anfänglich sprach?“ Der Vogel sagte: „O Prophet Gottes! Wenn das Verderben kommt, dann bleibt [von einem Ding] nicht Spur noch Wesen übrig (لم يبق اثر ولا عين).“

Es wird überliefert, dafs ein Mann zu *Buzurǵimihr*, dem persischen Weisen [und bekannten Wezîr des Königs *Anûscharwân*], sagte: „Komm her, wir berathen mit einander über das Geschick.“ „Was wirst du,“ sprach dieser, „an dem im

Geschick Bestimmten ausrichten? Ich sah etwas Offenbares [Exoteres], wodurch ich aufs Verborgene [Esotere] hingeführt wurde. Ich sah einen Dummen, der mit Gütern ausgestattet war und einen Klugen, dem sie versagt geblieben. Da wufste ich, dafs die Lenkung des Geschickes nicht der Menschen Sache ist."

Wisse auch, dafs dieser mit Mauern umgebenen, befestigten, berühmten, glänzenden, *Alexandrien* genannten Stadt ein wunderbares, entsetzliches, seltsames Ereignifs (مجرونة sic), das keiner anderen Stadt zustiefs, widerfahren ist, da sie den Muslimen schnell und ohne Krieg entrissen und ihnen schnell und ohne Krieg zurückgegeben wurde. Dies gehört zu den wunderbaren Ereignissen. Lob sei dem, der da thut, was er will!

Der Bericht darüber, was jener Stadt widerfuhr, soll, wenn Gott will, detaillirt folgen.

Ich werde nun erzählen, was über die äufsere Erscheinung des Verfluchten, des verächtlichen Hundes *Ribîr Buṭrus*, Fürsten von „Cypern und der cyprischen Insel", der Alexandrien vergewaltigte, gesagt worden ist.

Man hat gesagt, er sei *von hoher Statur* (طويل القامة; 2r
Gott zerbreche ihm den Rücken und lasse seine Sache schief gehen — قصم الله ظهره وعكس امره —!); *blauäugig* (ازرق العينين; Gott erwecke ihn bei der Auferstehung als einen Blinden[9]) — ازرق — und mache ihn zu Einem von denen, über die das Elend verhängt ist!); *von gelbem Teint* (مصفر اللون; Gott leere seine Hand — صفر الله يده — von jeglichem Guten und mache seine Fahrt zur Hölle hin, zur bösesten Reise!)[10]). Sein Name ist *Ribîr*[11]) (ربير; Gott tauche ihn in den Flammenbrunnen [der Hölle] ein — فى بير السعير — und mache ihn in allen seinen Unternehmungen — حركاته — elend und verächtlich!)[12]). Der Name seines Vaters ist *Riyûk*[13]) ([Rè Ugo] ريوك); der eine Bruder von ihm ist der *Birinz*[14]) ([Jean de Lusignan, *Prinz* von Antiochien] البرنز), der zweite ist *G'âkân*[15]) ([Jacques de Lusignan] جاكان). Es theilte mir dieses ein muslimischer Mann mit und sagte: „Ich war

in früherer Zeit (فيما مضى من الزمان) Gefangener auf Cypern und befand mich daselbst zwölf Jahre." Ferner berichtete mir einer von den Turkomânen, welche aus der im Türkenlande ([Kleinasien] بر التركية) der cyprischen Insel gegenüberliegenden Stadt *al-ʿAlâyâ*[16]) zur Stadt Alexandrien kamen, dafs der erwähnte Fürst von Cypern einen älteren Bruder habe, welchen sein Vater *Riyûk* von einem *Bûṭâ-Weibe* (امرأة بُوطا), das sich bei ihm aufgehalten, bekommen. — Die *Bûṭâ*[17]) ist[18]) in der Sprache der Franken die Buhlerin [auch Ehebrecherin], die Prostituirte, die freche Weibsperson (الفاجرة العاهرة الحجاورة). — Der König *Riyûk* habe ihn *Sunǵuwân Dimurf*[19]) ([Jean du Morf] سُنْجُوان دمُرف) genannt. Ich werde im Laufe der Darstellung erzählen, in welcher Weise *Sunǵuwân Dimurf*, der verfluchte Hurensohn, in den ersten zehn Tagen des Dhu 'l-Ḥiǵǵa des Jahres 770 [= 7.—16. Juli 1369] die Muslime angriff, nachdem er auf seinen Kriegsgaleeren zum westlichen Hafen Alexandrien's gekommen war. Die Truppen der Muslime besiegten ihn und er sowie die, welche bei ihm waren, kehrten enttäuscht und mit Verlust dahin zurück, woher sie gekommen, nachdem die Muslime eine Menge seiner Mannschaften getödtet hatten. Da verliefs den Verfluchten die Thorheit und Impertinenz; er hatte Schaden, aber keinen Vortheil erlangt. Eine Vergeltung war dies für das Grofsthun mit der Schlechtigkeit. Der Bericht über seinen Zusammenstofs mit den Muslimen wird, wenn Gott will, im Detail folgen.

Ribîr, der Sohn des besagten *Riyûk*, bemächtigte sich Alexandrien's unter der Regierung von *al-Malik al-Aschraf* Scha*ʿbân Ibn al-Ḥusain Ibn al-Malik al-Nâṣir Muḥammed Ibn al-Malik al-Manṣûr Ḳilâwun*[20]), dem Sulṭân des ägyptischen, syrischen und sonstigen Landes. Es war dieser damals noch ein Kind und [Befehlshaber][21]) seiner Heere (وجيوشه) war der Atâbek *Yalbuǵâ al-Khâs[s]akî*[22]) (sic الاتابكى يلبغا الخاسكى).

Gott der Erhabene wird den Muslimen gegen die ungläubigen Franken beistehen und die Religion des Islâm für immer siegen lassen!

[Nach einer sich hieranschliefsenden theologischen Betrachtung, der noch eine lange Reihe weiterer Excurse (s. o. p. XVII f.) folgt, kommt der Verfasser endlich wieder auf den Fürsten von Cypern und sagt, indem er mit den Worten „*Gott verfluche ihn und zürne ihm und ziehe einen Kreis von Unheil um ihn her*“ ihn verwünscht:] Als er sich Alexandrien's bemächtigt hatte 10r
und an dem, was ihm von dessen Beute zufiel, freute, hatten die Könige [die Machthaber] der Christenheit keine Freude daran, indem er behauptete, dafs ihm ein Vorrang unter ihnen dadurch zukomme. Als Vergeltung theilte ihm Gott hernach durch das, was die Muslime seinem unfläthigen Heere zu *Tripolis in Syrien*[23]) und in der Stadt *Âyâs*[24]) anthaten, schwere Betrübnifs zu, wie sie nicht gröfser hätte sein können. Der Bericht darüber wird an seinem Orte im Detail folgen.

§. 2.

[Es ist von den Siegen der Muslime über die Byzantiner und Perser die Rede; dabei sagt der Verf.:] Wenn nun aber 11r
die Muslime das Land der griechischen Kaiser und das Gebiet der persischen Könige in Besitz genommen haben, wie konnte denn geschehen, was der ungläubige, verfluchte Fürst von Cypern Alexandrien, dem Grenzplatz der Muslime, zugefügt, da er doch unter den Königen der Christen gleichsam nur ein Schafhirt war oder Einer, der den Schafen mit der Scheere die Wolle schor?! Aber er kam zu einer Zeit nach Alexandrien, als dessen Beschützer sorglos waren. Er plünderte es und floh daraus. So aber ist der Könige Gewohnheit nicht! Sie pflegen vielmehr, wenn sie eine Stadt erobert haben, nur nach Überwältigung und Besiegung, nicht nach Diebstahl und durch Flucht hinauszugehen.

[Und ebenso beim selben Anlafs 14 Blätter später:] Wenn 25r
die Muslime aber die Perser und Griechen geschlagen, sie aus ihren Gebieten und Wohnsitzen hinausgetrieben und ihr Land in Besitz genommen haben, wie konnte das gelingen, was der verfluchte Cypriote, der verächtliche Hund, Alexandrien angethan, der als Räuber hinein und als Räuber hinausging?! Wenn er sich den Heeren des ägyptischen Landes

entgegengestellt hätte, so würde er in die gröfste Noth gerathen sein.

[In ähnlichem Sinne heifst es dann noch weiter — und zwar gehören die von fol. 27ᵛ bis 33ʳ mitzutheilenden Stellen dem umfangreichen Commentar zu einer Weissagungsḳaṣîde an —:]

27ᵛ Der Cypriote eroberte Alexandrien nicht durch eigene Macht und Stärke, sondern durch die Bestimmung Gottes und dessen Macht, nachdem solches in dessen Wissen vorangegangen war [dasselbe schon oben], bis er es durch seine Entscheidung zur Ausführung brachte.

Der Cypriote war ja der Schwächste, der Niedrigste und Geringste unter den Königen! Der *Sicilier* [Wilhelm II.] (الصقلى), der Held, gegen welchen der Cypriote gleichsam nur der Nägelabfall an dessen Fusse ist, war vor ihm nach Alexandrien gekommen, und doch hatten dessen Bewohner mit ihrer Reiterei und Fufsmannschaft seine Fahnen umgekehrt[25]).

Ich will weiter nun die niedere Stellung, die der Cypriote unter den Königen der Christenheit und den Mächtigen Europa's ([der Mittelmeerländer] الرومانية) hat, sowie die Ohnmacht seines Reiches und seiner Städte unter ihren Reichen und Städten darlegen.

Wisse, dafs der Fürst von Cypern unter den Königen der Christenheit nur den niedrigsten, geringsten Rang einnimmt, und unter ihnen gleichsam nur ein Affenhüter auf einer Insel ist. Nicht gleicht er dem Kaiser *Valerian* [?] (غليس هو [sic!] وطريان [l. كقيصر] كيقصر), der viele Völker unterwarf, den Euphrat überschritt und die Gebiete von ʿIrâḳ und Ḥîra bezwang; auch gleicht er nicht den Königen der Christen Spanien's, den *Roderichen* (الذارقة)[26]), denen, wenn sie ausritten, die Edelfalken in der Luft Schatten gaben. Trotzdem bezwangen die Muslime diese, eroberten ihr Land, wohnten mit ihnen auf der Halbinsel Spanien, bekämpften sie, tödteten sie, machten sie zu Gefangenen, nahmen ihre Städte und ihre Schätze in Besitz und bekamen ihre Weiber zu Sclavinnen.

Auch ist der Fürst von Cypern nicht wie *Heraklius* (هرقل), der Herrscher von Syrien und Ägypten vor und nach dem Auftreten des Islâm. Aber gleichwohl bezwangen die Muslime diesen und entrissen ihm die Herrschaft über ganz Syrien. Gott ebnete ihnen Syrien's Land, und jener floh vor ihnen zu den Inseln des Meeres [den Mittelmeerküsten] (جُزر البحر [cf. אִיֵּי הַיָּם]), nachdem sie sein Heer vernichtet und seine Fahnen und Banner umgekehrt hatten.

Auch dem *Mukaukis*, dem Befehlshaber (صاحب) von Miṣr [Memphis] und Alexandrien gleicht der Fürst von Cypern nicht. Den Mukaukis hatte Heraklius zum Präfecten (امير) von Miṣr [Ägypten] gemacht und ihm dessen Kriegführung und Steuererhebung übergeben. Derselbe kam im Sommer nach Alexandrien und im Winter nach Miṣr [Memphis]. Er war ein einsichtsvoller Mann, welcher glaubte, dafs aus den Arabern ein Prophet mit Namen *Aḥmed* [Muḥammed] hervorgehen werde, da solches durch gewisse ältere Schriften, die er gelesen hatte, bei ihm feststand. Aus diesem Grunde schlofs Mukaukis mit *'Amr Ibn al-'Âṣ* betreffs Miṣr [Ägypten's] für die Copten Frieden. Den Griechen in Alexandrien gefiel aber des Mukaukis' Zustimmung zum Frieden nicht, weil sie den ihn beim Friedensschlufs mit den Arabern leitenden Gedanken für Schwäche hielten. Daher tödtete ihn sein Sohn *Rusṭûlîs* heimlicher Weise[27]).

Nicht ist er [der Fürst von Cypern, zu dessen Verglei- 30r
chung in obiger Weise der Autor nach längerer Unterbrechung nochmals zurückkehrt], wie *Rusṭûlîs* (رُسطُولِيس), Mukaukis' Sohn, der Held, und dessen gottlose, ungläubige Heere. Trotzdem aber bewältigten die Muslime diese, entrissen ihnen den Besitz von Miṣr und seinen Districten, von Alexandrien und seinen Gebieten, und erwähnter Rusṭûlîs und seine Begleitung [das Heer] flohen vor ihnen auf Schiffen zu den Inseln des Meeres [den Küstengebieten] (جُزر البحر). Das geschah, nachdem derselbe seinen Vater Mukaukis wegen dessen Friedensschlusses mit den Muslimen heimlich getödtet hatte. Nach der Ermordung seines Vaters stiefsen ihm Dinge zu, deren Auseinandersetzung weitläufig wäre, und die ich aus Furcht, zu sehr abzuschweifen, übergehe.

Auch sind die Städte der Insel Cypern nicht den 33r

Städten der Christen Spanien's gleich, z. B. *Sevilla*, *Cordova*, *Tortosa*, *Toledo* und anderen seiner Städte. Und doch haben eben diese Städte den Muslimen gehört. Sie nahmen sie von den Christen in Besitz und blieben eine Reihe von Jahren darin. Sodann entrissen sie ihnen die Christen und gegenwärtig im Jahre 775 [= 1373/74] sind sie in deren Händen[28]). Ebenso sind *Famagosta*[29]), *Lefkosia*[30]) (الماغوصة والافقسية) und andere Städte der Insel Cypern nicht wie die Stadt *Rom*, *Constantinopel* und *'Ammûriyya*[31]).

76r Nun blick, o Leser, auf die Muslime hin, wie Gott sie mit seinem Beistand unterstützte, dafs sie diese grofse Stadt [Alexandrien], während die mächtige Bevölkerung darin war, eroberten, dafs sie den Griechen sie entrissen und dem Theil derselben, welcher darin blieb, Tribut auflegten. Wie war denn möglich, was der verfluchte Cypriote, der elende Hund, gethan, der als Räuber hinein und als Räuber hinausging und aus Furcht vor den Muslimen nicht darin bleiben konnte?! Ein König — und das ist eben eine Grundbedingung für denselben — wenn er eine Stadt erobert hat, vertheidigt sie, kämpft mit den Heeren ihres [früheren] Herrschers und bleibt in ihr für immer, oder verkauft sie, wenn er nicht darin bleiben will, an ihre Bewohner für Lasten Goldes, wie es die *Genuesen* (الجنويين sic) mit dem *Tripolis des Westens* machten (und, so Gott will, noch im Detail erzählt werden wird)[32]). Die That des verfluchten Cyprioten aber glich dem Thun der Räuber, der furchtsamen Diebe, und seine Räuberei steht durch seine in Eile ausgeführte Flucht fest. Unter den Königen der Christenheit erwuchs ihm daraus die gröfste Schmach und Schande[33]), und wäre er in Alexandrien geblieben und hätte sich den Heeren des ägyptischen Landes entgegengestellt, so würde er mit denen, welche bei ihm waren, an den
76r Staatsbauten (العماير السلطانية) mit Korb und Bütte (بالغلاق والقصرية)[34]) haben arbeiten müssen.

Es pflegten die Muslime in früherer Zeit zu sagen, man werde Alexandrien an einem Freitage von den Franken einnehmen sehen[35]). Die Ohren wiesen diesen Ausspruch ab (فتمجّ الاسماع هذه المقالة) und verwarfen ihn, nahmen ihn bild-

lich und nicht wörtlich; doch es wurde wirklich, was jene
sagten, und die Entscheidung Gottes ging bei Alexandrien
durch, wie sie bei der Stadt ʽAin Zarba³⁶) und der Stadt
Ḥaleb zur Ausführung gekommen war.

Es berichtete mir *Abû Muḥammed ʽAbd Allâh Ibn Mu-* 79ʳ
ḥammed, der Alexandriner, die folgende Mittheilung eines
gefangen gewesenen Muslim: „Ich war", sagte dieser, „in früherer Zeit Gefangener auf Cypern und meine Gefangenschaft
daselbst hatte eine lange Dauer. Eines Tages safs ich neben
einem christlichen Priester und es befragte mich derselbe nach
Ägypten und dessen Verhältnissen. Ich begann, ihm von der
Menge seiner Heere und Kriegswerkzeuge, von der Gröfse
seines Reiches und seiner Uneinnehmbarkeit, von der Masse
seiner Güter und seiner Prosperität zu erzählen. Da sprach
der Priester: „„König *Riyûk* (الملك ريوك), der Herr dieser
Insel, erzählte mir, er habe Jemanden im Traum gesehen,
der ihm gesagt: Aus deinem Rückgrat geht ein Sohn hervor,
der Alexandrien erobern wird."" „Ich wunderte mich," erzählte der Gefangene, „über die Mittheilung des Priesters
und sprach zu ihm: Diese Vision ist ein verworrenes Traumgespinnst. Der Fürst von Cypern wird über Alexandrien 80ʳ
wegen seiner Festheit und Uneinnehmbarkeit und wegen der
Menge seiner Einwohner und Waffen nie Gewalt erlangen.
Da sagte der Priester: „„So hat es mir der König *Riyûk*
(الملك ريوك) erzählt. Ich wunderte mich darüber gleichfalls
sehr und gewifs ist diese Vision, wie du schon bemerkt hast,
ein verworrenes Traumgespinnst.""

Dann ging der Puls der Zeit seinen Gang (فضرب الدهر
ضربانه), der Traum des erwähnten *Riyûk* wurde zur Wirklichkeit, und *Ribîr* bemächtigte sich Alexandrien's im letzten
Theile des Muḥarram vom Jahre 767 [October 1365].

Wenn nun auch der verfluchte Ribîr Alexandrien angethan hat, was er that, so haben doch die Muslime den
griechischen Christen vormals mehr zugefügt, als der Cypriote,
der Räuber, Alexandrien gethan hat, weil die Muslime es in
Besitz genommen haben und Jahrhunderte darin geblieben
sind, der Cypriote aber als Räuber hinein und als Flücht-
ling hinausgegangen ist.

[Der Schlufs eines Capitels über die später (im III. Abschnitt) mitzutheilenden „Veranlassungen“, die Gott, nachdem er
die Invasion Alexandrien's beschlossen, derselben vorangeschickt
habe, um den Cyprioten zu ihr anzutreiben und sie zur Ausführung
98r zu bringen:] Lob sei Gott, der Alexandrien sowohl davor be-
wahrt hat, dafs sie [die Heere des Cyprioten, von welchen an
der unmittelbar vorhergehenden Stelle die Rede ist] in ihm blieben, als es [ganz] verwüsteten! Wären sie darin geblieben,
so würden die Muslime, da es durch die Mauern befestigt
ist, auf ihren Abzug aus demselben viele Mühe zu wenden
gehabt haben; wenn sie es aber total zerstört hätten, so
würden sich die Einwohner nach allen Himmelsgegenden von
ihm weggezogen haben, und darin hätte das gröfste Unglück
bestanden. Man würde für alle Zeit (على طول الزمان) zu den
daran Vorbeikommenden und den reisenden Leuten sagen:
Hier war eine Stadt, die Alexandrien genannt wurde.......

[Endlich noch als hierher gehörig einige in dem Commentar zur Elegie des *Ibn Abî Ḥaǵala* befindliche Stellen, an welchen insbesondere das schon bekannte Thema von der angeblichen Furcht und feigen Flucht des „cyprischen Räubers“ in
166r neuen Weisen variirt wird:] In seiner Huld und Güte bewahrte
Gott die Grenzstadt Alexandrien davor, dafs die Ungläubigen
sie in Besitz hielten, liefs sie in dem Zustand der Dinge,
worin sie sich unter der Herrschaft der Muslime befand, und
führte *Ribîr Buṭrus*, den Ungläubigen, Verfluchten, in Irrthum Befangenen, Abtrünnigen, den Räuber und Dieb, schnell
hinaus. Gott sei Lob und Dank! Gott sei Erkenntlichkeit
und Preis!

Es erscheint als Gewohnheit der Räuber, dafs, wenn sie einen Raub ausgeführt haben, sie eilig damit entfliehen, damit sie nicht andernfalls ergriffen, exemplarisch bestraft und ihnen die Hände und Füfse abgehauen werden [37]). Der verfluchte Cypriote sammelte Räuber aus der Christenheit und führte sie nach Alexandrien, dessen Hab und Gut sie stahlen, als seine Beschützer achtlos waren. Wenn der Verfluchte darin geblieben wäre, so würde ihn von den Heeren des ägyptischen Landes jegliches Ungemach getroffen haben. Aber die Sache kam in Folge der Statthalterschaft des Emir *G'angarâ* (جنغرا)[38], der geringen Anzahl seiner Truppen, seiner Unerfahrenheit in der Leitung der Geschäfte und seiner Unbekanntschaft mit den Kriegsvorfällen anders, als sie hätte kommen müssen. Es erfolgte ein verkehrtes Operiren, weil die schwächsten Männer den gröfsten Geschäften vorgesetzt waren. Der Räuber wufste, von wo er in die Stadt zu gehen hatte, um zu stehlen; er trat hinein, bestahl sie und entfloh aus Furcht vor einem Überfall des Heeres von Cairo, welches ihn zu Grunde gerichtet haben würde, wenn es ihn darin erreicht hätte. Wäre er aber ein starker, tapferer und kühner König gewesen, so würde er in der Stadt geblieben sein und sie vertheidigt haben, wie Könige, wenn sie Städte erobert haben, thun. Er war aber ein Feigling, ein Schwächling, welcher stahl und aus Furcht, umzukommen, entfloh!

In der That erzählt man, dafs die Könige der Christenheit ihn wegen seiner Flucht aus Alexandrien getadelt und zu ihm gesagt hätten: „Das, was du gethan hast, ist das Thun der Räuber, nicht das Thun der Könige. Du hättest, als du es in Besitz genommen, darin bleiben und es vertheidigen sollen (كنت لما ملكتها اقمت بها وناضلت عنها), wie die *Genuesen* (الجنوية) es mit dem *Tripolis des Westens*[39]) machten! Aber du bist als Räuber hinein und als Räuber hinausgegangen, und zwar eben deshalb, weil es dir an Macht fehlte, dich dem Sulṭân von Ägypten entgegenzustellen. Bei allen Königen der Zeit und allen Völkern Europa's (اجناس الرومانية) steht dein Räuberthum fest, und bei den Priestern und der Mönchschaft[40]) (الرهبانية) bist du aus der Liste der Könige ausgestrichen (أسقطت من ديوان الملوك)." „Wie sollte ich," sprach er, „ausgestrichen sein[41]), da ich doch die christliche Religion beschirmt und die Stadt *Anṭâliya*[42]) [Satalia] in Kleinasien von den Bekennern der muḥammedanischen Religion erobert habe, meine Leute gegenwärtig darin sind, und meine Verhältnisse sich durch ihre Eroberung gehoben haben?!" Da sagten sie zu ihm: „Du bist lediglich durch die geringe Anzahl ihrer Mannschaften und die Schwäche ihrer Position ihrer Herr geworden. Hohen

Unternehmungsgeist hättest du nur dann gehabt, wenn du in Alexandrien geblieben wärest, und unter den Königen würdest du hervorgeragt haben (فكنت تكون بين الملوك اظهر)
166 r wegen einer Stadt, welche den Königen der Ḥimyariten gehörte und hernach verödet war, von Alexander aufgerichtet wurde[43]) und [nun] der gröfste Anstofs für die Könige [die Machthaber, namentlich auch der Handelsrepubliken] ist. Wärest du darin geblieben, so würdest du [im Verhältnisse zu ihnen] wie die grofse Mittelperle an den Halsschnüren sein (كنت كالواسطة بعقود السلوك)."

Als der Cypriote ihre Rede gehört hatte, kränkte ihn ihr Tadel. Er entblöfste sein Haupt, zog seinen Stiefel von seinem Fufse (خلع من رجله مداسه) und schwur bei Christus, dem Sohne der Maria, beim hochheiligen Evangelium, bei allen Gekreuzigten [Märtyrern], Mönchen und Priestern, nicht werde er von seiner Kirche jemals abwesend sein (ليس هو عن كنيسته اصلا بغايب), nicht werde er sein Haupt bedecken und seinen Stiefel anziehen, bis er eine Stadt im Lande der Muslime in Besitz genommen habe, wenn er auch Jahre ausharren sollte (ولو اقام بالسنين), und er werde den grimmen Feldzug führen, bis er durch den Griff seines Schwertes zur Auferstehungskirche im edlen Jerusalem wallfahrte[44]). Der Elende, Unglückselige sammelte dann aus den Ländern Europa's (اقاليم الروم) alle nichtswürdigen Ungläubigen und machte sich zu Anfang des Jahres 768 [= Sept./Oct. (?) 1366] nach *Tripolis in Syrien* auf. Gott schickte aber einen heftigen Sturm gegen ihn, der von seinen Schiffen zehn und etliche zertrümmerte. Die Leute, die sich darauf befanden, gingen unter. Der Rest der Schiffe wurde verschlagen, und es blieb ein Theil davon erhalten, während der andere verloren ging.

Sodann kam er zu Anfang des Jahres 769 [September 1367] nochmals nach *Tripolis in Syrien*. Die Muslime tödteten viele von seinen Leuten und der Verfluchte kehrte enttäuscht und mit Schande bedeckt (خايب مقهور) zur Insel Cypern zurück. Im Laufe dieses Buches wird der Bericht darüber im Detail folgen[45]).

Anmerkungen zum I. Abschnitt.

1) (p. 3.) *Ḳor'ân, Sûre* II, 209 und oft.

2) (p. 3.) *Sûre* XXX, 1—3. Zu dem Inhalt der Stelle vergl. die Geschichte der Kriege zwischen *Heraklius* und den *Persern* vor und nach der Hiǵra und unter Anderen *Ḥarîrî* bei De Sacy, Anthol. gramm. arabe p. ٥٧ f. u. 103 f.

3) (p. 3.) Bekanntlich nur der Letztere, doch fand durch Khâlid eine nochmalige Einnahme (i. J. 25?) statt. Siehe die folg. Anmerk.

4) (p. 3.) Der Verfasser hat wohl nur eine Eroberung durch Nichtmuslime im Auge. (Man beachte in dieser Hinsicht noch Abschn. VI. §. 9, Vers 10 u. ibid. §. 10 von fol. 148ʳ). Untereinander entrissen sich die Muslime Alexandrien, namentlich in den Kriegen zwischen den *'Ubaiditen* und *'Abbâsiden* (914—921 u. 936 (?) n. Chr.), zu wiederholten Malen; vergl. *Weil*, Gesch. d. Chal. II, 594—597 u. Gesch. d. isl. Völker p. 307. 309. Auch mufste es, um von einer, wie es scheint, nur wenige Tage nach der Eroberung durch *'Amr* nothwendig gewordenen zweiten Einnahme (cf. *Weil* I, 115) hier abzusehen, nach *Ibn 'Abd al-Ḥakam* u. *Bilâdhurî* (s. Weil, Chal. I, 158 f. u. III, Anhang zu I, p. V) im Jahre 23 oder wohl eher 25 d. Hiǵr. — also einige Jahre nach jener Eroberung durch 'Amr — als auf Einladung der vielen in ihm zurückgebliebenen Griechen eine starke byzantinische Flotte unter *Manuel* gelandet war und die Griechen mit deren Hülfe die Muslime aus ihm vertrieben hatten, noch einmal (und zwar durch Khâlid) eingenommen werden. Von blofsen Belagerungen Alexandrien's durch christliche Heere wird die von *Wilhelm II. von Sicilien* v. J. 1174 vom Verfasser (p. 8 oben u. in Anm. 25) noch erwähnt. Über eine andere, von König *Amalrich* im Sommer 1167 unter Beihülfe der *Pisaner* unternommene, die mit dem Abzug *Ṣalâḥ al-Dîn's* aus der von ihm besetzten Stadt und der vertragsmäfsigen Rückgabe derselben an die *Fâṭimiden* endete, sehe man *Wilh. v. Tyrus*, lib. XIX, 26—32. *Weil*, Gesch. d. Chal. III, 328. *Heyd*, Gesch. d. Levantehandels I, 435 f. u. die dort noch angegebenen Quellen. Von einem gänzlich erfolglosen Streifzug *päpstlicher* (von Genuesen gestellter) und *cyprischer* Galeeren nach Kandelor und Alexandrien im letzten

Decennium des XIII. Jahrh. und den Rachepläuen des *Sulṭân al-Malik al-Aschraf* gegen Cypern meldet *Marinus Sanutus*, Liber secret. fidel. crucis III, 13, 1 in Bongarsii Gesta Dei per Francos II, 232 sq. Vergl. darüber auch *Heyd* l. c. II, 30 u. *Röhricht* l. c. XX, 116. Vielleicht gehört der Raubzug *Heinrich's II. von Cypern* v. Jahre 1300, worüber *Marin. Sanut.* (l. c. III, 13, 10 bei Bongars II, 242) berichtet, zum Theil auch hierher, denn wir sehen die mit den Johannitern und Templern zusammengebrachte kleine Flotte gleichfalls vor Alexandrien. Ein Verzeichnifs in der *Description de l'Égypte* (Ét. mod. II, II, 269 f.) von Befehdungen Alexandrien's zu verschiedenen Zeiten („les principales époques des révolutions de cette ville . . . . .") ist voller Irrthümer.

5) (p. 3.) König Peter heifst beim Verfasser nach genauer Transcription des arabischen Wortes *Ribîr(u)* oder, wie an obiger Stelle, *Ribîr(u) Buṭrus.* Wie gewöhnlich nur Ribîr nennt er ihn vereinzelt (s. unten Abschn. III. §. 4 von fol. 94 v) auch nur Buṭrus. *Buṭrus* ist *Petrus*, und *Ribîr* ein verunstaltetes Compositum aus *Rè* und *Pier* (Piero oder Pierc). Vergl. *Machairas*, bei dem der König Peter ὁ ῥὲ Πιέρ heifst, sowie *Strambaldi* und *Amadi* (bei Mas Latrie II, 224 f. 352 u. Dulaurier l. c. I, 712), wo er als *il re Piero* und *re Pier* erscheint. Er selbst nennt sich (z. B. in den Documenten bei *Mas Latrie II*, 230. 232. 233. 248—267. 289. 291. 302. 308) *Petrus . . . . Jerusalem et C(h)ipri (Cypri) rex* und *Pierre (Pierc) . . . . roy de Jerusalem et de Chipre.* Man sehe auch seine Münzen mit der Umschrift *Pierc (Pier* und *Pierre) Roi . . .*, *Pierc* (und *Pier*) *Re(i) . . .* und *Petrvs Rex . . .* bei *Const. Sathas* in der Bibl. Gr. med. aev. II, Πίν. Δ u. Ε, (dazu noch ibid. σελ. 575 sqq.) und *G. Schlumberger*, Numismatique de l'Orient Latin, Paris 1878/82. p. 194—196, Pl. VI u. VII, Suppl. p. 11 f. Pl. XX. Der Araber wird das Wort Ribîr, das, soviel ich bemerkt, nur an obiger Stelle vollständig als *Ribîru* vocalisirt vorkommt (worin das *u* Nominativzeichen ist und nicht etwa für das *o* in Piero steht), mit etwas anderer Aussprache Rebîr (oder Repîr), wenn nicht gar Rebyer (oder Repyer) gesprochen und für einen blofsen Eigennamen gehalten haben. Nennt er den König nun manchmal, wie z. B. oben, aufser Ribîr zugleich noch Buṭrus, so mufs dies daher rühren, dafs er wohl neben der Benennung ῥὲ Πιέρ (Rè Pier) auch den lateinischen Namen *Petrus* oder die griechische Form Πέτρος

gehört und nicht gewufst hat, dafs die Namen identisch sind. Dafs nämlich auch die Form Πέτρος, und besonders wohl in der solennen Sprache, auf Cypern noch in Gebrauch war, ersieht man z. B. aus einigen von *Machairas* I, 287, 290 mitgetheilten Documenten Peter's II, deren Eingangsformel lautet: Πέτρος (τὲ Λουζουνίας) διὰ τῆς χάριτος τοῦ παναγίου πνεύματος (oder τοῦ θεοῦ) ῥήγας κτλ. Vergl. noch Anm. 11. 13. 19 und betreffs der Aussprache des *b* in Ribîr und Buṭrus (persisch پطرس *Paṭrus*, armen. *Պետրոս Petros*, *Bedros*) Anm. 17.

Schliefslich bleibe nicht unerwähnt, dafs bei *Machairas* (I, 47. 116. 119. 349. 363 f. und noch sonst, vergl. auch *Georg Bustron* in Sathas' Bibl. Gr. II, 424. 431. 436 u. bei Mas Latrie III, 83) auch Περρῆς, Περρῆν u. Περρήν, und zwar sowohl für König Peter I., als seinen Sohn Petrin und den Namen Peter überhaupt vorkommt, welche Formen ohne Zweifel das gräcisirte französische *Perrin* sind. Die Oxf. Handschrift bietet hier und da (s. I, 71 u. 116) auch Πιέρρ.

6) (p. 3.) *Sûre* XXII, 14. XXX, 3 und sonst.

7) (p. 4.) Statt des im Text stehenden انهم ليظفروا كما تنصرون lese ich انهم ليُظَفَّرون كما يُنَصَّرون. Ähnliche Lehren und Ermahnungen, wie die vom Autor oben angeführten, sehen wir auch den Christen von den Päpsten geben. So sagt Benedict XII. in einem schon citirten Brief an Hugo IV. von Cypern (*Raynaldi* Annales ad ann. 1338): *Ideoque regalem excellentiam in Domino attentius exhortamur, quatenus consideranter attendens quod Deus, cujus occulta sunt judicia, fideles suos pati adversitates quandoque non ad depressionem eorum, sed ad probationem potius pro acquirenda majoris meriti corona permittit; damna et adversitates hujusmodi non demittant in hac parte magnanimitatem regiam, sed extollant, ut adversus infideles hostes . . . . . fortior et robustior . . . . . existas: tam praedictam victoriam, quam alias, quas tibi adversus praefatos hostes concedet Dominus, ut speramus, non ex humana strenuitate virtutis, sed de manu Domini, a quo est omnis virtus et potentia, te suscepisse recognoscendo cum spirituali laetitia . . . . .*"

8) (p. 4.) Die ursprünglich indische Fabel kommt auch sonst vor. — Zu dem Gedanken und Bilde vergl. *Mischle* VII, 23. *Ḳoheleth* IX, 12.

9) (p. 5.) Anspielung auf *Sûre* XX, 102.

10) (p. 5.) رجعل مسيرة الى جهنم شر سير, Reminiscenz an *Sûre* IX, 74.

11) (p. 5.) Zwischen den einzelnen Theilen dieses Signalements und den ihnen jedesmal nachgeschickten (im Original gereimten) Flüchen besteht ein Parallelismus, der sich an den drei letzten Stellen in kaum wiederzugebenden Wortspielen bewegt. Nach dem Wortspiel zwischen *Ribîr* und *Bi'r* (Brunnen) könnte es im Widerspruch mit meiner obigen Annahme (p. 16, Anm. 5) scheinen, als sei sich der Autor bei dem Wort *Ribîr* der Zusammensetzung allerdings bewufst gewesen. Ich vermuthe aber, dafs er sich hier, wie ja auch bei dem vorhergehenden Wortspiel, schon mit einer theilweisen Übereinstimmung der Wörter begnügt und dabei vielleicht mehr noch auf das geschriebene, als das gesprochene Wort gesehen hat.

12) (p. 5.) Der Autor scheint obige Angaben über König Peter erst nach dem bald nachher von ihm erwähnten Unternehmen des *Jean du Morf* niedergeschrieben zu haben, also zu einer Zeit, als der König bereits den Tod gefunden, von welchem Ereignifs er, wie wir später sehen werden, freilich erst im April/Mai 1371 (c. $2^1/_4$ Jahr nach dessen Eintritt) Kenntnifs erhielt.

13) (p. 5.) Wie *Ribîr* ist offenbar auch *Riyûk* (an anderen Stellen als der obigen — z. B. fol. 2[v] noch, 79[v] u. 80[r] — رِيوك, رِيُوك u. رِيُوك vocalisirt und wahrscheinlich *Reyûk* ausgesprochen) ein Compositum, und zwar wohl aus *Rè* und *Ugo*, wobei das *y* zur Vermeidung des Hiatus eingeschoben wurde. Vergl. رِيال (*Riyâl* oder *Reyâl*) für *Real* (die Silbermünze). Fast noch mehr als *Ribîr* scheint *Riyûk* vom Autor für einen blofsen Eigennamen gehalten zu sein, da er ihm nicht nur vereinzelt die Bezeichnung *Herr* oder *Fürst* (صاحب) *dieser Insel* hinzufügt, ebenso wie er bei Ribîr oft den Zusatz *Fürst von Cypern* macht, sondern ihm mehrmals, und theils zugleich, noch الملك (*der König*) vorsetzt[a]).

---

a) Ähnliche Pleonasmen finden sich, und gewifs ohne die Richtigkeit der obigen Annahme zu beeinträchtigen, allerdings auch sonst mitunter, z. B., wenn man bei *Machairas* liest (I, 53): Καὶ ἄνταν ἐστέφθην ὁ ῥῆγας ὁ ῥὲ Πιέρ . . . „als gekrönt ward *der König der König Peter*" oder in Documenten, wie einem notariellen Acte v. J. 1365 (bei

Auch hier, beim Wort *Riyûk*, liegt die italienische (oder cyprisch-griechische) Benennung, schwerlich die französische — *Roy* (*Rei*) *Hugue*(*s*) — zu Grunde, doch tragen die Münzen Hugo's IV. freilich die (französische) Umschrift *Hygve Rei* (de Jervsal'm e d' Chipr'). Die Form *Rei* findet sich auf allen bekannten Münzen Heinrich's II. und Hugo's IV., also seit 1285, in Documenten vereinzelt schon früher (1252; s. *Mas Latrie* II, 66). Auf den Münzen Peter's I. erscheint die Form *Re*(*i*), wie schon bemerkt, neben *Rex* und *Roi*, welches letztere sich auf den Münzen Peter's II., Jacob's I. und Janus' ausschliefslich findet, um auf denen Johann's II. wieder mit *Rei* und *Rex* abzuwechseln. Siehe *Sathas*, Bibl. Gr. II, 572 sqq. Πίν. Γ-Ζ. *Schlumberger*, Numismat. de l'Orient Latin, p. 189—201. Suppl. p. 11 f. Pl. VI. VII. XX. Bei *Machairas* (I, 36—48. 56. 59. 223. 225. 336) heifst Peter's Vater, jener König *Hugo* (IV.) ῥὲ Οὔνγκες, ῥὲ Οὔνγκε, ῥὲ Οὔγκες, ῥὲ Οὔγκε, ῥὲ Οὔγγες, ῥὲ Οὔγγε[a]), vereinzelt auch (I. 84. 161) ῥὲ Οὔτζε und ῥὲ Οὔκ, und bei *Strambaldi*, *Amadi* und *Florio Bustron* (Mas Latrie II, 224—226. 352) *Re Ugo*. Für den Namen Hugo (*Hugues*, *Huguet*) überhaupt finden sich bei *Machairas*, beiläufig bemerkt, noch folgende (zum Theil Deminutiv-) Formen: Οὔνγγε, Οὔνκ, Οὔγκέ, Οὔγκῆ, Ὀγκέ, Ὄγγη, Ὕγκε, Ὕγκο, Ὀνγγέτ, Ὀγκέτ, Ὀγγέτ, Ὀτέτ, doch werden einige derselben sowie noch andere, die ich übergehe, wohl auf Textcorruption beruhen.

Bei *De Sacy*, Chrestom. ar. 2e éd. II, 49 wird nach *Makrîzî* بطرس بن ديوك *Buṭrus Ibn Diyûk* [Peter, der Sohn des Königs Hugo] erwähnt. Das *D* statt *R* in *Diyûk* beruht aber ohne Zweifel auf schlechter Schreibung des ر (*r*), welches in manchen Handschriften, z. B. der hier behandelten, dem د (d) sehr ähnlich

---

Mas Latrie II, 253): . . . *illustrissimus princeps et dominus, dominus Petrus, Dei gracia* . . . . *rex* u. dergl. mehr.

a) Über die in Machairas' Chronik ziemlich regellos stattfindende Anwendung und Auslassung des schliefsenden ς bei Eigennamen, und zwar sowohl im Nominativ als den cas. obl., trotz der dort (wie auch noch sonst im cyprischen Mittelgriechisch) hervortretenden Neigung, den Nominativ bei Namen, die es zulassen, (zuweilen selbst unter Abstofsung des stammhaften schliefsenden ν) sigmatisch zu bilden und das ς in den cas. obl. (wenn dort eine eigentliche Declination nicht möglich ist) abzuwerfen, im Accusativ auch wohl (bei manchen Namen) durch ν zu ersetzen, bemerke ich gelegentlich noch Einiges unten.

ist, sodafs man auch da mitunter ebenso gut *Diyûk* wie *Riyûk* lesen könnte.

In der Übersetzung werde ich für die Könige Peter und Hugo die Namen *Ribîr* (*Buṭrus*) und *Riyûk* überall beibehalten.

14) (p. 5.) Der *Birinz* (vergl. im Syrischen ܦܪܢܣ und das sonst im Arabischen vorkommende بِرِنس) ist der „*Prinz*“ *von Antiochien*, *Johann von Lusignan*, Connetable von Cypern, zu verschiedenen Zeiten Regent und Gouverneur, der ältere von den jüngeren Brüdern Peter's, der uns noch oft begegnet und auch in den abendländischen (christlichen) Berichten gewöhnlich nur *der Prinz* genannt wird[a]). In einigen derselben (vergl. Anm. 19) erscheint er durch Verwechselung seines Titels als Prinz von *Galiläa*. Bei *Machairas* heifst er meist ὁ πρίντζης und mit vollem Namen (I, 43) ὁ Τζουὰν τὲ Λουζουνίας πρίντζης τῆς Ἀντιοχείας καὶ κοντοσταύλης Κύπρου, *Jean de Lusignan*, *Prinz von Antiochien und Connetable von Cypern*; vereinzelt liest man bei ihm auch Τζουάνης und Τζουὰν Τελουζουνίας, Τελουνίας, τὲ Λοζουνία[ς]. In einem Brief des Königs Peter v. 21. April 1363 (bei *Mas Latrie* II, 250) wird er *Johan de Lezegnan*, *prince d'Anthioche*, *connestable* etc. genannt. Vergl. auch *Mas Latrie* l. c. II, 230 u. im Archivio Veneto, Venedig 1881. XXI, 327. Betreffs des *B* in *Birinz* s. Anm. 17.

15) (p 5.) *G'âkân* ist der zweitjüngere Bruder, *Jacob*, der Connetable von Jerusalem, Seneschall und nachmalige König. Bei *Machairas* heifst er Τζάκες, Τζάκε, Τζάκος, Τζάκο, Τζάκ, Ζάκ, Τζακές und (I, 43) Τζακὲτ τὲ Λουζουνίας, [an anderen Stellen Τελουζουνίας, Τελαζανία[ς]] κοντοσταύλης τῶν Ἱεροσολύμων [s. I, 47 und vergl. dagegen I, 53. 55. 61. 91. 127. 179. *Mas Latrie* II, 230. 249!] καὶ συνεσκάρδος, *Jacques de Lusignan*, *Connetable von Jerusalem und Seneschall*; in *Strambaldi's* venezianischer Version (bei Mas Latrie II, 224. 391 ff.) *Zaco*, *Zac* und bei *Machaut* (Vers 4543) *Jaque*. Offenbar liegt dem Wort *G'âkân* eine cypr.-griech., italien. oder französ. Form zu Grunde; nur ist die Endsilbe *ân* auffallend, für welche eine Form *Jacques* und die obigen Formen keine genügende Erklärung geben. Vielleicht hat der Autor mit sogen. Imâla *G'âkên* ge-

a) So namentlich auch bei *Machaut* „*le prince, li princes*“; nur zweimal findet sich bei ihm der Zusatz *d'Entioche*, *d'Antioche*.

sprochen oder den Namen in einer Form *Giacom(o)* gehört und entstellt. *Dulaurier* a. a. O. p. 720, Note 1 bemerkt gelegentlich: „*Un mémorial arménien, que je rapporterai plus loin, offre la forme Jacquet* [Ջակէթ, Dschakêth] *pour le nom de Jacques, roi de Chypre. Cette forme avec sa désinence caractéristique était propre à la langue vulgaire des Chypriotes, qui était un français imprégné d'italien et aussi de provençal; ils faisaient entendre et avaient rendu familier ce dialecte dans les échelles de la Syrie et, à ce qu'il paraît aussi, dans la Petite Arménie.*" Ich führe diese Stelle an, da sie zur Erklärung des *G'âkân* oder *G'âkên* und seiner immerhin seltsamen Endung vielleicht mitbeitragen dürfte, insofern das *Jacquet* die oben miterwähnte (Deminutiv-)Form Τζακέτ (dieselbe findet sich auch I, 55, doch beide Male nur im Venez. Ms.) bestätigt, und das τ in der betonten Schlufssilbe κέτ wohl gar nicht, oder so schwach ausgesprochen werden mochte, dafs das arabische Ohr stattdessen einen Nasal (G'âkên für G'âkê') zu hören meinte. Dies wird noch glaublicher durch eine Form Τζακέ, die bei *Machairas* I, 142, Z. 20 (doch gleichfalls nur im Venez. Ms.) für den Namen Jacob vorkommt[a]). Was *Dulaurier* aber von der Vulgärsprache der Cyprioten jener Zeit sagt, kann nur vom Dialect der eingewanderten Franzosen und der damit in Verbindung stehenden Kreise, sowie der Hof- und Kanzleisprache verstanden werden[b]), da die allgemeine Landessprache nach dem Zeugnifs von *Machairas* (I, 84, 85) und ebenso noch von *Stephan von Lusignan*, welcher die Grundbevölkerung der Insel als eine griechische bezeichnet (Chorogr. 29ʳ—30ᵛ), ein zwar verderbter, stark mit fremden, besonders italienischen und französischen Elementen versetzter, im übrigen aber durchaus griechischer Dialect war. Ich verweise in dieser Hinsicht ferner noch auf *Melch. von Seydlitz* im Reyse-Buch des Heil. Lands, Frankf. 1670. I, 468. *Ferd. v. Troilo*, Orient. Reisebeschreibung, 2. Aufl. Leipz. u. Frankf. 1717. p. 47. *Lorenz Diefenbach*, Völkerkunde Osteuropa's I, 213. *Introd.* zu *Machairas* I, p. VII.

---

a) Vergl. dazu o. p. 19 die Formen 'Ογκέ, 'Ογκέτ u. ähnl.

b) Diesen cyprisch-französischen Dialect, in dem sich namentlich bei *Mas Latrie* II. u. III. zahlreiche Documente finden, bekam man allerdings auch an auswärtigen Handelsplätzen, die von cyprischen Kaufleuten besucht wurden, (so z. B. in Aleppo) zu hören. S. *Heyd*, l. c. II, 65.

XIII—XIX. *Avert.* zu *Machair.* II, p. II u. III und die im cyprisch-griechischen Dialect verfafsten Documente aus dem 15. Jahrhundert bei *Mas Latrie* III, 64 ff. 192 f. 195 f. 201 f. 206. 212. 213. 214. 221 f. 223, um von den umfangreichen, cyprisch-griechisch geschriebenen Chroniken und Assisen von Jerusalem und Cypern (in *Sathas'* Bibl. Gr. med. aev. Bd. II u. VI), den Volksliedern und Erzählungen (herausgeg. von *Sakellarios* u. A.) so gut wie ganz zu schweigen. Nach dem Vorgange von *Th. Kind*, *Gust. Meyer*, *Rothe* u. A. hat neuerdings *Mondry Beaudouin* eine gröfsere Untersuchung über den modernen und mittelalterlichen cyprisch-griechischen Dialect angestellt, auf welche Schrift schon oben in der Vorrede p. XII, Note a. hingewiesen wurde.

16) (p. 6.) *al-ʿAlâyâ*, eine verkehrreiche Stadt an der Ostseite des Golfs von Satalia. Bei den Abendländern hiefs sie *Kandelor* und *Scandelor*, und auch in dem zwischen ihrem Emîr Luftu-Bei (Λουφτούμπεης) und dem König Johann II. von Cypern abgeschlossenen Friedens- und Freundschaftsvertrag vom Jahre 1450 (s. *Mas Latrie* III, 64—66) wird sie τὸ Καντηλόρος genannt. *Machairas* nennt sie (I, 20. 61. 64 u. sonst) Ἀλλαγία. Sie stand in lebhaftem Verkehr mit Ägypten, Syrien und besonders Cypern. Siehe *Abu 'l-Fedâ*, herausgeg. v. Reinaud u. De Slane, p. ٣٨٠ f. *Ibn Baṭûṭa*, herausgeg. von Defrémery u. Sanguinetti [2], II, 255 ff.[a]), *Heyd*, Levantehandel I, 597. II, 355 ff. Zum König Peter trat sie, erschrocken über dessen Waffenerfolge und

a) *Abu 'l-Fedâ* (p. ٣٨١) bezeichnet *ʿAlâyâ* als eine moderne Stadt, die nach einem Selǵûḳen-Herrscher *ʿAlâ' al-Dîn* (علاء الدين), der sie gegründet, ursprünglich العلائية (*al-ʿalâ'iyya*, die *ʿalâ'ische*) benannt und später العلايا (*al-ʿAlâyâ*) geheifsen sei. Unzweifelhaft richtiger läfst *Ibn Baṭûṭa* ihre starke, höhergelegene Citadelle von dem genannten Fürsten (السلطان المعظم علاء الدين الرومي) erbauen. Jedenfalls scheint nach den betreffenden Angaben der Name *ʿAlâyâ* erst später Zeit anzugehören und seiner Entstehung nach wohl kaum weit über die letzte Hälfte des XIII. Jahrhunderts zurückzureichen. Vergl. dazu *Deguignes*, Hist. des Huns, deutsch v. Dähnert II, 358 ff. Genealog. chron. Einleit. p. 208 u. *Weil*, Gesch. d. Chal. V, 64.

um ihre Existenz besorgt, nach der Eroberung von Satalia im Jahre 1361 in ein Abhängigkeits- und Tributverhältnifs, in welch' letzterem sie sich mit Satalia und andern kleinasiatischen Küstenplätzen nach *Ludolph von Suchem* (ed. Deycks, p. 35 und bei Mas Latrie II, 216) übrigens schon zu dessen Zeit (also während seiner Reise, ungefähr zwei bis drei Decennien früher) dem König von Cypern gegenüber befunden haben soll, sodafs es sich i. J. 1361 wohl lediglich um eine Wiederherstellung und Erneuerung jenes Verhältnisses gehandelt hätte, nachdem die Eroberung Satalia's den Emîren von ʿAlâyâ und Monovgatis die Aussichtslosigkeit ihres kurz vorher mit dem Emîr von Ḳaramân gegen Peter geschlossenen Bündnisses dargethan hatte. (Vergl. *Raynaldi* Annales ad ann. 1361. l. c. p. 62". *Machairas* I, 60—65. 113. *Florio Bustron* bei Dulaurier l. c. p. 713, Note. *Loredano* I, 389—392). Gleichwohl machten die Cyprioten im Herbst 1364 einen Angriff auf ʿAlâyâ, der jedoch erfolglos blieb, wie denn auch im Jahre 1366 der Versuch des cyprischen Flottenkapitäns Jean (nicht Pierre) de Monstry (Μουρσῆ, Μουρσί, Μουστρί, Μουστρίς), sich des festen Platzes zu bemächtigen, fehlschlug. Vergl. *Machairas* I, 77. 78. 95 u. *Machaut* V. 3988 ff. Gleichen Mifserfolg hatte ein vom Papst unterstütztes cyprisches Unternehmen ungefähr 70 Jahre früher gehabt. S. *Marin. Sanut.*, liber secret. fidel. crucis III, 13, 1 und die darüber oben p. 15 f. Anm. 4 noch citirten Schriftsteller.

17) (p. 6.) *Bûṭâ.* Vergl. ital. *putta*, span. u. portug. *puta*, altfranz. *pute*, liederliche Dirne (*Diez*, Etym. Wörterb. d. rom. Spr. 4. Ausg. Bonn 1878, p. 259). Der Araber wird das *B* mit sogenanntem Taf*kh*îm — als *P* — gesprochen haben, wenngleich er dies nicht, wie wohl anderswo, ausdrücklich angibt. Dieselbe Aussprache des *B* als *P* vermuthe ich auch bei *Ribîr*, *Buṭrus* und *Birinz*.

18) (p. 6.) *ist* oder *sei*, was sich nicht mit Sicherheit erkennen läfst. Ich vermuthe das erstere, indem ich die Erklärung von *Bûṭâ* für eine Parenthese des Autors halte. Das Wort war in den Hafenstädten gewifs jedem Araber, also auch dem Verfasser, bekannt. Vergl. noch unten p. 35, Note b.

19) (p. 6.) Mit *Sunǵuwân Dimurf* ist offenbar der cyprische Marschall *Johann von Morf* gemeint, so wenig auch das über seine Herkunft Angegebene auf ihn zu passen scheint. Bei *Ma-*

chairas heifst derselbe, der sich bei der Einnahme Alexandrien's ausgezeichnet hatte (s. *Machaut* V. 2416 f.) und gleich danach, wie der cyprische Chronist berichtet (I, 91)[a]), von König Peter zum κούντη Τερουχᾶς (τὲ Ῥουχᾶς [*comte de Rochas*, auch *Rohais*, d. i. الرُّها *Ruhâ* oder *Edessa*]) erhoben ward, σὶρ, σὲρ und μισὲρ [*sire*, *ser*, *messire*][b]) Τζουὰν τὲ Μόρφου(ς) und .... Τεμόρφου(ς), μαριτζᾶς (Marschall) τῆς Κύπρου. Er selbst nennt sich in einem von *Mas Latrie* (III, 741) mitgetheilten Lehnspflichtbrief an den König von Frankreich vom 10. Febr. 1361 [1362?] „*Jehan du Morf, chevalier et mareschal du roy de Cipre.*“ Das beigedrückte Siegel ist am angeführten Orte, Note 2, soweit es sich erhalten hat, beschrieben. Bei *Machaut* findet sich der Name in *Jehan*(*s*) *de Mors* verändert, und zwar, wie *Mas Latrie* Préf. p. XXVI f. vermuthet, durch Concession an den Reim, doch kommen Verunstaltungen des Namens in *Mort* und *Mors* urkundlich schon 1232 u. 1236 bei älteren Gliedern des Geschlechtes vor, wenigstens in den Drucken; siehe unten p. 28, Note.

Vergleicht man das arabische *Sunǵuwân Dimurf* mit *Je*(*h*)*an du Morf*, so macht wohl nur die erste Silbe des ersten Wortes Schwierigkeit. *G'uwân* allein würde zu *Je*(*h*)*an* (oder noch eher zu *Joane*, *Gioanne* — italienische Formen für *Johann* bei *Amadi* und *Florio Bustron*, s. Mas Latrie II, 225 —) sehr wohl passen, und die Übereinstimmung von *Dimurf* und *du* (oder *de*) *Morf* ist evident. Man könnte glauben, der Morgenländer habe im Munde von Italienern, etwa Genuesen, die wie auf Cypern und in Alexandrien anscheinend auch in ʿ*Alâyâ* viel verkehrten (s. *Heyd*, Levantehandel I, 597) ein *Don* vor dem Namen des Ritters gehört und es damit verbunden, aber die Umwandlung des *d* in *s* wäre seltsam hier, sie müfste denn, wenn nicht etwa durch den nachfolgenden Anlaut von G'uwân (ǵ, j, τζ) hervorgerufen, in einer Art Assibilirung schon im Dialect der Ge-

---

a) Siehe jedoch weiter unten meine Kritik des *Machairas*'schen Invasions-Berichtes.

b) Im Altitalien. (das oben zu Grunde liegt) indefs auch *miser*. S. *G. Meyer* in Lemcke's Jahrb. für rom. u. engl. Spr. N. F. III, 42; dieselbe Form auch bei *Joh. Tucher* im Reyse-Buch des Heil. Lands 2. Aufl. I, 691 und mit Verdoppelung des *s* (*misser*) sehr oft in einer Depesche von *Josaphat Barbaro* bei Mas Latrie III, p. 353 ff.

nuesen selbst oder in einem etwaigen anderen italienischen Dialect vorhanden gewesen sein, was, soviel mir bekannt ist, nicht der Fall[a]). Somit bliebe zu vermuthen, dafs bei *Sunǵuwân* etwas Ähnliches vorliege, wie bei *(Ri)bîr Buṭrus*, dafs nämlich, wie bei diesem derselbe Name *Peter*, bei jenem derselbe Name *Johann* in zwei verschiedenen Formen, dem cyprischen Τζουὰν oder venezianischen *Zuane, Zuan* (welches *Strambaldi* bei Mas Latrie II, 224. 338. 341. 391 u. sonst für das Τζουὰν des Machairas hat)[b]) und einer roman. Form *Johan, Joane, Gioanne, Giovanni* etc. (vergl. im Armenischen Ջուան Dsch*uan*) ausgedrückt sei, die hier nicht nur nebeneinander gesetzt, sondern zugleich verbunden wären. Eine Verkürzug von *Z*[*S*]*uan* in *Sun* mag nicht auffallend scheinen, da bei der Aufeinanderfolge und Verbindung von *Z*[*S*]*uan* und *Joan* das *a* des ersten *an* zur Vermeidung des phonetischen Mifsklangs ausgestofsen sein könnte. Erinnert sei hierbei noch daran, dafs dem venezianischen Dialect statt des präpalatalen *ć* und *ǵ* der italienischen Schriftsprache vielfach *z* eigen ist, sodafs derselbe beispielsweise *cazzar, brazzo, zugno, zorno, zovane, zeneral, zener, zerman, rezina, hozi* etc. für *cacciare, braccio, giugno, giorno, giovane, generale, genero, germano, regina, oggi* etc. hat. Die Formen *Zuane, Zuan, Zaco* u. *Zac* in der Version *Strambaldi's* sind daher nicht etwa als

---

a) Wortformen wie اللاذقيّة, هيروذوس, قلوذيوس, ذومطينوس, قومودوس, لذريق, رذريق, ثوذيوش etc. bei *Abu 'l-Fedâ* (Geogr., Anteislam.), *Ibn al-Athîr* u. A. (für Laodicea — Λαοδίκεια, Λαδικεία — Herodes, Claudius, *D*omitian, Commodus, [Theodorich,] Roderich, Theudes) zeigen freilich, dafs das assibilirte arabische *d* (ذ dh) nicht nur für das ihm phonetisch entsprechende griechische δ, sondern mitunter auch da, wo wir ein *d* erwarten sollten, auftritt, aber der Vertreter ist dort immerhin doch nur ذ dh nicht س *s*. — Dafs im Ms. etwa irrig .... سُن für .... سر (*sun* statt *sir*; cf. صير *ṣîr* = franzōs. *sire*) geschrieben sei, ist schwerlich anzunehmen.

b) An einer Stelle der von Mas Latrie mitgetheilten Auszüge aus *Strambaldi* (l. c. II, 356) sieht man auch, wie dieser den vollen Namen des Du Morf wiedergibt. Für .... σὶρ Τζουὰν τὲ Μόρφου τὸν κούντη τὲ Ῥουχᾶς am entsprechenden Orte bei *Machairas* I, 181 findet sich dort nämlich *don Zuane de Morfu il conte de Ruchas*.

blofse Transcriptionen von Τζουάν und Τζάκο, sondern als dem venezianischen Dialecte selber angehörig anzusehen, wie sich die Formen *Zuane*, *Zuan*, *Zacco*, *Zaco* und *Zacho* denn ja auch in echtvenezianischen Originaldocumenten, z. B. der schon erwähnten Depesche des venezianischen Gesandten *Josaphat Barbaro* an den Senat der Republik vom 15. November 1473, den Annalen *Malipiero's*, der Chronik und dem Journal des jüngeren *Marino Sanudo* und sonst noch (s. Mas Latrie III, 183. 359. 436 ff. 451. 498 ff.) finden. Auf den lebhaften Verkehr der Venezianer mit dem Orient brauche ich nicht noch hinzuweisen.

Das Geschlecht der Herren *Du Morf* zerfiel in mehrere Linien und hatte seinen Namen, wie es scheint, von dem im Nordwesten Cypern's in der Nähe des Golfs von Pendaïa gelegenen *Morpho* empfangen. (Cf. *Mas Latrie* III, 504. 505). Nach *Du Cange*, Les Familles d'outre-mer[a]), herausgegeben v. Rey, Paris 1869, p. 565 ff. war der Ahnherr desselben (mütterlicherseits) ein Edelmann aus Poitou, N . . . *Martin*, dessen Sohn *Hugues Martin* mit dem König Guido von Lusignan im Jahre 1192 aus dem heiligen Lande nach Cypern kam, wohin er auch zwei Neffen, Söhne seiner beiden Schwestern, mitbrachte. Von diesen war die eine, N . . . *Martin*, mit einem Herrn *Du Plessis*[b]) vermählt, dessen Sohn *Laurent du Plessis* oder *du Pleissi, Sire de Loriaque*, einer jener beiden Neffen von Hugues Martin und der eigentliche Stammvater des Geschlechts auf Cypern (vergl. auch *Deguignes*, Hist. des Huns I, ı, 467), zum *Chevalier du Morf* gemacht wurde, weshalb er und seine Nachkommen den Zunamen *Du Morf* führten. Wenngleich unser *Jean du Morf* diesem Geschlechte ohne Zweifel angehörte, so habe ich dennoch über seine nächste Abkunft weder auf Grund des genealogischen Materials von *Du Cange*-*Rey* und *Deguignes* (das leider nicht weit genug reicht), noch unter Zuhülfenahme sonstiger Nachrichten etwas Sicheres ausmitteln können. Auf einen Einblick in die *Lignages d'outre-mer* mufste ich leider verzichten, doch werden dieselben nach

---

a) Ich citire dieses Werk bald *Du Cange*, bald *Rey*, bald *Du Cange-Rey*, da Rey die Arbeit von Du Cange beträchtlich erweiterte und daher bald die Angaben des Einen, bald des Andern, bald Beider anzuführen sind. Über den Antheil eines Dritten, *Taranne*, s. Préf. p. II ff.

b) Die Herkunft dieses *Du Plessis* und wer er überhaupt war, ist noch dunkel. Vergl. zu *Du Cange* l. c. p. 565 noch ibid. p. 416.

ihrer Vervollständigung durch das genannte Werk von *Du Cange* für sich wohl kaum noch etwas Weiteres bieten. Nach *Rey* (Somm. du suppl. aux Fam. d'outre-mer, Chartres 1881, p. 9) verheirathete sich im 13. Jahrh. *Estéfémie*, Tochter von *Guy Dermite* [*d'Ermite*] mit einem *Jean du Morf* [Sohn von *Laurent du Morf* (II.); vergl. auch *Deguignes* l. c. p. 465] und weiter noch erscheint ein *Johannes de Morfo* (bei *Mas Latrie* II, 179) als Mitzeuge bei dem von Hugo IV. von Cypern mit Genua geschlossenen Vertrage vom 21. Februar 1338. Ich würde es für möglich halten, dafs Letzterer der Vater und Ersterer der Grofsvater unseres *Jean du Morf* gewesen sei, wenn jener — der Gemahl der *Estéfémie Dermite* — bei *Du Cange*, Les Fam. p. 565, nicht als kinderlos bezeichnet würde[a]). Ob dessen Halbbruder *Philippe du Morf*, Gatte von *Felimie*, einer Tochter von *Balian d'Antioche* (denn der ältere, mit *Alix de Brie* vermählte Halbbruder *Baudouin du Morf* soll kinderlos geblieben sein) oder der einer anderen Linie angehörige, mit *Jeanne*, der Tochter von *Balian d'Ibelin*, *Seigneur d'Arsur* [*von Ursûf*, *Arsûf* أُرْسُوف, τοῦ 'Αρσεφίου] verheirathete *Baudouin du Morf*, *Seigneur de Stambole* (s. *Deguignes* l. c. p. 465. 468. *Du Cange* l. c. p. 224 f. 565. 567), über deren etwaige Nachkommen ich Nichts angegeben finde, der Grofsvater jenes Morf war, was der Generationsreihe nach gleichfalls passen würde, kann ich nicht entscheiden[b]). Wenn aber *Rey* in einer zusätzlichen Bemerkung zu *Du Cange* p. 310 die Vermuthung ausdrückt, dafs unser Jean du Morf vielleicht derselbe Jean du Morf gewesen sei, der bei dem obenerwähnten Acte vom Jahre 1338 als Zeuge fungirt habe, so ist dem gewifs zu widersprechen, da die noch jugendliche Gemahlin des Königs Peter während dessen Abwesenheit im Jahre 1368, wie alle Welt

---

a) Überdies noch scheint es auf Cypern nicht Sitte gewesen zu sein, dem Sohne den Rufnamen des Vaters zu geben.

b) Als einer dritten Linie angehörig findet man in derselben Generationsreihe (bei *Deguignes* l. c. p. 467 und *Du Cange* l. c. p. 566) noch *Baudouin* und *Anseau*, Söhne von *Helies du Morf*, doch fehlt jede Angabe, ob sie vermählt waren und Kinder hatten. Ein Zeitgenosse unseres *Du Morf*, mit dem bei dem Fehlen genauerer Nachrichten gleichfalls nicht viel anzufangen ist, wird unten noch angeführt werden.

behauptete und auch *Rey* bald nachher (p. 311) anführt, in einem verbotenen Liebesverhältnifs zu Jean du Morf stand, und nicht gut denkbar ist, dafs dieser damals ein schon so bejahrter Mann gewesen sei, wie er doch hätte sein müssen, wenn er bereits 30 Jahre früher eine offenbar hervorragende Stellung einnahm. Richtiger wird er daher p. 568 des genannten Werkes als „*probablement distinct*“ von dem genannten Zeugen vom Jahre 1338 bezeichnet[a]).

---

a) Ich finde folgende urkundliche Erwähnungen von Mitgliedern der Familie *Du Morf*, wovon noch ein guter Theil zur Vervollständigung der Angaben von *Du Cange-Rey* dienen kann:

1) *Laurentius de Morfo* [der Erste dieses Namens] in einer Urkunde v. J. *1210* bei *Sebast. Pauli*, Codice diplomatico del sacro militare Ordine Gerosolimitano, Lucca 1733. I, 102; sodann v. J. *1218* im *Liber jurium reipublicae Genuensis* (in den Historiae patriae monumenta, herausgeg. v. Ercole Ricotti VII, Turin 1854) I, 625 und in zwei Urkunden v. J. *1220* bei *Mas Latrie* III, 611. 614;

2) *Johannes del Morf* (auch *delmort*) [ältester Sohn des Vorigen] in einer Urkunde v. J. *1232* im *Liber jurium* I, 901 und bei *Mas Latrie* II, 56;

3) *Balduynus de Morfo*, (auch *Baldoinus del Morf* und *de Morfo, balduinus delmort, Baudoin Doumors*) [Bruder des Letztgenannten] in einer Urkunde v. J. *1232* im *Liber jurium* I, 901 und bei *Mas Latrie* II, 56; ferner in Urkunden v. J. *1233. 1234. 1239* bei *Mas Latrie* II, 57. III, 639. 643 und v. J. *1236* bei *Méry* u. *Guindon*, Histoire de Marseille, herausgeg. daselbst 1841. I, 420 (cf. ibid. p. 424). Nach *Rey* l. c. p. 568 erscheint er auch in einer Urkunde vom Jahre *1247* bei *Labbe*, Alliance chronologique II, 656, welches Werk mir nicht zugänglich war.

4) *Bertheleme dou Morf* [jüngerer Bruder des Vorgenannten] in einer Urkunde v. J. *1253* bei *Strehlke*, Tabulae Ordinis Theutonici, Berlin 1869. p. 84;

5) *Lorenso de Morffo* [ein Sohn des ad 2 genannten *Johann* oder ein noch späterer Träger des Namens (Sohn von *Adam du Morf* und Enkel des ad 3 genannten *Balduin*?)] in einer Urkunde v. J. *1291* bei *Giuseppe Müller*, Documenti sulle Relazioni delle città Toscane, Florenz 1879. p. 109;

6) der mehrerwähnte *Johannes de Morfo* in einer Urkunde v. J. *1338* bei *Mas Latrie* II, 179;

7) endlich unser *Jean du Morf*, Marschall von Cypern, (*Johannes de Morfo, Johan dou Morf, Jehan du Morf*) in drei Urkunden v. J. *1360. 1361. 1361.* [*1362*?] bei *Mas Latrie* II, 230. 233. III, 741.

Geschlecht und Namen der Du Morf über Letzteren hinaus zu

Erscheint nun auch die unmittelbare Abstammung unseres *Jean du Morf* nicht aufgeklärt, so halte ich gleichwohl den wunderlichen, durch nichts Anderes gestützten, Bericht des Arabers, in dem der Ritter für einen von König Hugo mit einer Buhlerin gezeugten unechten, älteren Bruder des Königs Peter ausgegeben wird, für eine Confusion, wenn auch die Üppigkeit jener Zeit eine grenzenlose und an Courtisanen auf Cypern kein Mangel war[a]). Sagt doch der mehrerwähnte *Ludolph von Suchem* in seinem um 1350 verfafsten Reisebuche (ed. Deycks p. 33; vergl. bei Mas Latrie II, 214) betreffs der öffentlichen Frauen in Famagosta: „*In hac etiam civitate degunt infinitae ditissimae meretrices, quaedam plus quam centum millia florenos habentes, de quarum divitiis plus dicere non sum ausus.*“ Auch *Steph. v. Lusignan* (Chorogr. 84^{v}—85^{v}) weifs von der geschlechtlichen Üppigkeit der Residenz Nicosia sowie der Insel überhaupt, und zwar mehr als 200 Jahre später noch, genug zu melden . . . . „*a tutti il cieco bambino di madonna Venere tira la frizza* [*freccia*] *dall' arco e percuote crudelmente il cuore e le genitali parti dell' huomo*“, und *Benvenuto d' Imola*, der Dante-Commentator aus den letzten Decennien des XIV. Jahrh. (bei Muratori, Antiquit. Italicae, Mediol. 1738. I, 1294 sq.) scheint in der Invasion der Genuesen vom Jahre 1373 gleichsam nur ein göttliches Strafgericht für die Ausschweifungen jeder Art zu sehen, denen die Insel seit Heinrich II., dem Vorgänger Hugo's IV. und Zeitgenossen Dante's nach seiner Meinung hingegeben war, denn bei Erklärung der Verse *Paradiso*, Canto XIX, 145—148:

E creder dee ciascun, che già per arra
Di questo, Nicosia e Famagosta

---

verfolgen liegt dem Zwecke dieser Untersuchung fern. Nur sei hier noch bemerkt, dafs von den Kindern unseres Du Morf aufser seinen Töchtern auch ein Sohn, *Thomas du Morf* (Τουμᾶς τὲ Μόρφου), *Graf v. Rochas*, bei *Machairas* I, 201. 307 u. 337 erwähnt wird (vergl. auch *Strambaldi* bei Mas Latrie II, 391 u. *Loredano* II, 105). Ob der unterm J. 1364 von *Machairas* (I, 79) gelegentlich genannte *Badin* [*Balduin*?] *du Morf*, *chevetain* [der *Stadt* Cerines?] „σὶρ Πατὶ Τεμόρφου(ς) ὁ τζηβιτάνος τῆς Πόλης“ in einem näheren verwandtschaftlichen Verhältnifs zu unserem *Jean du Morf* stand, ist nicht zu ersehen.

a) An Bastarden im Hause Lusignan fehlte es eben auch in der Folge nicht.

Per la lor bestia si lamenti e garra,
Che dal fianco delle altre non si scosta

sagt er am Schlusse, indem er *la bestia* auf den einer thierischen Genufssucht von ihm beschuldigten „König von Cypern“ bezieht: „:.... *Et vere non discohaeret et non dissociatur a vivere bestiali aliorum* [Regum vitiosorum], *immo vincit et excedit cum sua gente Cypria omnes gentes et Reges Regnorum Christianitatis in superfluitate luxuriae, gulae, mollitiei et in omni genere voluptatum*[a]). *Sed velle describere genera epularum, sumtuositatem, varietatem et nimietatem, fastidiosum esset narrare et taediosum scribere et perniciosum. Ideo viri sobrie et temperanter viventes deberent avertere oculos a videndo et aures ab audiendo mores meretricales, lubricos et foetidos Insulae illius, quam permittente Deo Januenses nunc invaserunt, expugnaverunt et male tractaverunt et mulctaverunt.*“ Ich habe bei obigem Anlafs ein Streiflicht auf gewisse Zustände Cypern's werfen wollen, die zum Theil in seinem damaligen, hauptsächlich auf Handel beruhenden und von allen Schriftstellern gerühmten, Reichthum[b]) ihren Grund haben mochten, wenngleich dasselbe — als der Aphrodite schöne Insel — freilich schon im Alterthum durch seine Üppigkeit[c]) bekannt war

---

a) Vergl. dazu *Ludolph's* Bemerkung über die Trinklust der Cyprioten (l. c. p. 34): . . .„*non sunt in mundo meliores et maiores potatores, quam in Cypro*“ und seine interessanten Angaben (l. c. p. 33 sq. u. bei Mas Latrie II, 215) über den ungezügelten Jagdtrieb der dortigen Grofsen, von denen der Graf von Joppe [Hugo von Ibelin] über 500 Jagdhunde gehabt habe, die je zwei der Sitte nach einen besondern Diener hatten, der sie in Acht nahm und (was dort erforderlich) badete und salbte. Auch habe ein Adeliger mindestens zehn bis zwölf Falkner in Dienst, und es seien ihm manche, fügt er hinzu, bekannt gewesen, die wohl leichter 200 Kriegsleute, als ihre Jäger und Falkner hätten unterhalten können. Grofse Jagdzüge wurden unternommen, wobei man wochenlang in Wald und Feld unter Zelten lebte und das Nöthige an Mundvorräthen etc. auf Kameelen und anderen Lastthieren mitführte.

b) Siehe unt. And. die fabelhaft klingenden Berichte von *Ludolph* l. c. p. 32. 33. 34. *Maizières* bei Mas Latrie II, 383. 390 u. *Machairas* I, 48—51 über die Reichthümer und Einkünfte cyprischer Grofsen, ihre Prachtliebe und Prunksucht und vergl. dazu noch *Mas Latrie*, Hist. I, 511 ff. *Heyd*, Levantehandel II, 3 ff.

c) Den grofsen Einflufs des Klimas in ihrer Weise mithervorzuheben, unterlassen auch die mittelalterlichen Autoren nicht. So sagt

— für die bloſse Möglichkeit einer auſserehelichen Zeugung hätte es so eingehender Begründung nicht bedurft!

Ich will nun darthun, worin die ohne Zweifel irrige Angabe über die Abkunft des *Jean du Morf* möglicherweise ihre Ursache hat.

Hugo IV. hatte allerdings einen älteren Sohn als Peter, nämlich *Guido*, der, mit *Maria von Bourbon* vermählt, viele Jahre (1346)[a]) vor dem Vater starb und einen Sohn *Hugo* mit vertragsmäſsig garantirten Ansprüchen auf den Thron, wovon ich noch an anderen Stellen handeln werde, hinterlieſs. Dieser *Hugo von Lusignan*[b]), ein Neffe des Königs Peter, dem Letzterer angeblich nach der Einnahme von Alexandrien (October 1365), bei der er durch groſse Tapferkeit sich ausgezeichnet haben soll, die

---

z. B. der genannte *Ludolph* l. c. p. 30 (vergl. bei Mas Latrie II, 212), nachdem er von dem einstigen Tempel der Venus und seinem Cult gesprochen: „*Propter quod in Cypro prae aliis terris sunt luxuriosissimi homines naturaliter. Nam si terra Cypri et specialiter loci, quo castrum Veneris stetit, capiti dormientis supponeretur, ipsum ad libidinem et ad coitum per totam noctem provocaret*“, und *Bernh. von Breitenbach* (reiste um 1484) im Reyse-Buch des Heil. Lands 2. Aufl. I, 103 in der Übersetzung: „*Item sie* [die Insel Cypern] *ist .... mit viel Reichthumb und Wollust begabet, darumb nach gemeinem Spruch, es sey gleich von ein Fluſs der Himmel oder Laster und Neigung der Eynwohner seyn die Menschen darinn so schnell zu Unlauterkeit, daſs diese Insel ein Gasthauſs oder besondere Kammer aller Wollustigkeit wirdt genennet.*“ Ähnlich berichtet *Felix Fabri*, der zur selben Zeit reiste (Evagator. ed. Hassler l. c. III, 222): „*De Cypro vulgata fama est, eam forte totam a Venere infectam, seu coelo agente, seu alio incolarum vitio adeo in venerem prona, ut hospitium, officina fomentumque lasciviarum et voluptatum omnium habeatur et quod homo in terra obdormiens non surgat, nisi foeda pollutione resolutus* ......“ Man vergleiche ferner über den Einfluſs des cyprischen Klimas *St. v. Lusignan* l. c. Das leichtfertige Leben auf der Insel berührt auch unser Autor in Abschn. VI. §. 10 von fol. 169[v] und VII. §. 11. N° IX von fol. 261[r]; siehe zugleich die Anmerk. dazu.

a) Nach *Fl. Bustron* bei Mas Latrie im Archiv. Veneto XXI, 324. In einem Vertrage zwischen Genua und Cypern v. J. 1338 (bei *Mas Latrie* II, 178) wird Guido als *Connetable von Cypern* erwähnt. Siehe noch p. 36 unten.

b) Vergl. über ihn *Mas Latrie* im Archiv. Veneto XXI, 325 ff. 330.

Fürstenwürde von Galiläa gab[a]) (s. *Machaut*, Vers 2294 ff. *Machairas* I, 91), heirathete 1360 oder später die ältere Tochter unseres Jean du Morf, *Maria*. (S. *Machairas* I, 57. 116. 190. 225)[b]). Auch *Loredano* (I, 386 f. II, 41. 49) erwähnt diese Heirath (ebenso nach Mas Latrie a. a. O. neben *Strambaldi* noch *Amadi*), macht aber seltsamer Weise jenen Hugo, der, wie bemerkt, ein Neffe des Königs Peter war, zu dessen Oheim — ob etwa, wie es den Anschein hat, durch Verwechselung mit einem Vetter von Peter's Vater, nämlich mit *Hugo*, dem Sohne *Amaury's* (Amalrich's) *von Lusignan*, des Prinzen von Tyrus, lasse ich dahingestellt, doch vergl. man in dieser Hinsicht *Loredano* I, 285. 288 f. 297 ff. 310. 315 f. 326. 386 f. 395 ff. *Amadi* bei Mas Latrie II, 114. *Rey*, Les Familles p. 209 und *Machairas* I, 190, an welch' letzterem Orte die Mutter unseres Hugo, *Maria von Bourbon*, seit 1347 Titular-Kaiserin von Constantinopel, mit einer [gleichnamigen] Tochter des Prinzen von Tyrus (s. die Geschlechtstafeln bei *Dulaurier* l. c. Introd. p. CXV. *Rey* l. c. p. 159 und *Machairas* I, 36, womit noch I, 188 zu vergleichen ist) verwechselt wurde. Ebenso nennt er ihn stets irrthümlich *Prinz von*

---

a) So nach *Machairas* a. a. O.; doch der Chronist irrt hier, wie sehr oft. Nach einem auf ein Actenstück v. 4. December 1364 sich beziehenden Archivvermerk und einer von *Hugo v. Lusignan* als Zeuge unterzeichneten notariellen Urkunde v. 28. Januar 1365 (bei *Mas Latrie* II, 253 f., wo MCCCLXXV ein Druckfehler sein mufs) führte Hugo den Titel *Prinz v. Galiläa*, mit dem er bereits dort erscheint, unzweifelhaft schon früher; auch hatte ihn angeblich schon sein Vater, *Guido v. Lusignan*.

b) Nach *Machairas* I, 225 (Zusatz des Oxf. Manuscr. unterm Jahre 1373) könnte man allerdings zweifelhaft sein, ob die Heirath zwischen Hugues de Lusignan und Marie du Morf je zu Stande gekommen und es nicht vielmehr bei einem blofsen Verlöbnifs geblieben sei. Da ein solches aber schwerlich 13 Jahre angehalten haben wird, und auch I, 116. 190 ganz bestimmt von einer stattgefundenen Verheirathung die Rede ist, so hat man es a. a. O. (I, 225) wohl lediglich mit einer der zahlreichen Verballhornisirungen des Oxford. Manuscr. zu thun. Kinder aus der angeblichen Ehe scheint Hugues de Lusignan nach seiner und seiner Mutter letztwilligen Verfügung (s. *Mas Latrie* II, 407—412) freilich nicht gehabt zu haben. Dafs er aber überhaupt verheirathet war, ergibt sich auch aus einem Document vom Jahre 1406 bei *Mas Latrie* II, 457, wobei man noch die Berichtigung von *Mas Latrie* im Arch. Venet. l. c. p. 326 beachten wolle.

Antiochien, während er *Prinz von Galiläa* war (welche Verwechselung er z. B. nachher auch bei *Johan de Brics*, dem Prinzen von *Galiläa* macht; s. II, 109 f. und vergl. dazu *Machairas* I, 344, die Documente bei *Mas Latrie* II, 396 ff. 420. 428 sowie *Du Cange* p. 465), und umgekehrt läfst er (I, 381. 421. II, 52) den damaligen *Prinzen von Antiochien* (*Johann*, König Peter's Bruder), was *Steph. v. Lusignan* (Chorogr. fol. 57r° u. v°, 77v°) gleichfalls thut, *Prinz von Galiläa* sein. Nach ihnen macht die letztere dieser beiden Verwechselungen auch *Jauna*, Hist. génér. des Roïaumes de Chypre etc., Leyden 1785. II, 852 f. und sonst, ebenso *Reinhard*, Gesch. des Königr. Cypern, Erlang. 1766. I, 246. 264, die erstere dagegen *Du Cange-Rey*, Les Familles, p. 210, Alin. 2 (wo zugleich eine Vermengung mit Hugo, dem Sohne Amaury's, des Prinzen von Tyrus vorliegt; beachte dabei auch die Mifsverständnisse ibid. p. 211), sodann noch einigemal p. 311, während sich anderswo (p. 72 u. 75 ff. sowie p. 465 ohne die unrichtige Klammer) das Richtige findet, und endlich noch versteht *De Caylus* (a. a. O. p. 429. 437 u. 439) unter dem „Prinzen von *Antiochien*", den er „*cousin-germain*" des Königs Peter nennt, offenbar jenen Hugo, Prinzen von *Galiläa*, während in der von ihm resümirten Chronik Machaut's an den betreffenden drei Stellen freilich nicht jener Hugo, sondern Peter's Bruder Johann, der Prinz von *Antiochien*, gemeint ist.

So sehen wir *Jean du Morf* denn mit dem Hause Lusignan nahe verwandt, und wenn er auch nicht der ältere Bruder Peter's und des Brudersohnes Hugo Vater war, so war er immerhin doch dessen Schwiegervater und stand somit zu Peter in einem dem brüderlichen gewissermafsen ähnlichen Verhältnifs. Vielleicht hat ihn eben dieses dem Turkomânen als Peter's älteren Bruder erscheinen lassen, wenn nicht gar unser Autor den Bericht seines Gewährsmannes mifsverstanden und zum Theil unrichtig wiedergegeben hat. (Vergl. p. 35 f.)

Auf den Umstand, dafs noch eine zweite Tochter von *Jean du Morf* mit einem Lusignan, nämlich mit *Jean* oder *Janot*, *Herrn von Bairût*, dem natürlichen Sohne Johann's, des Prinzen von Antiochien, also gleichfalls einem Neffen Peter's, verheirathet war, habe ich natürlich kein Gewicht gelegt, da diese Heirath erst viel später (nach 1385), lange nach dem Tode des Jean du Morf und der Zeit unserer Ereignisse, durch den damaligen König Jacob, Peter's I. Bruder, zu Stande kam (s. *Machairas* I, 343. *Strambaldi* bei Mas Latrie II, 396. *Loredano* II, 110 und *Mas Latrie* im Archivio Veneto XXI, 330 f.). Ebenso wenig schien mir die Angabe von *Machairas* unterm Jahre 1372 (I, 190), dafs Jean du Morf eine zweite Tochter mit Peter II. (dem Sohne Peter's I.) zu verheirathen gewünscht habe, Beachtung zu verdienen. Nur mufs ich noch bemerken, dafs es nach einer Stelle *Loredano's* (II, 52), wo eine Tochter von Jean du Morf (anscheinend eben jene) „*cousine germaine du Prince d'Antioche*" [nämlich Cousine Hugo's v. Lusignan, Prinzen von Galiläa] genannt wird, den Anschein haben könnte, als sei Du Morf in der That Peter's Bruder gewesen, da jener Prinz, der, wie wir sahen, Peter's Neffe war, nach obiger Bezeichnung auch Du Morf's Neffe gewesen wäre. Da diese Angabe aber ganz vereinzelt, dazu in einer offenbar fingirten Rede vorkommt, Loredano aufserdem sehr unzuverlässig ist[a]), und wie wir oben sahen (und am Schlusse dieser Abhandlung noch weiter sehen werden), über jenen „*Prince d'Antioche*" die gröfste Confusion bekundet, so wird diese Stelle weitere Berücksichtigung nicht verdienen.

Was nun den zweiten, noch offenen Punkt betrifft, dafs jener *Jean du Morf*, der angebliche Sohn König Hugo's, eine Buhlerin zur Mutter gehabt habe — die nach der Erklärung, welche von dem Wort *Bûṭâ* gegeben wird, nicht nothwendig eine Person von niederem Rang zu sein brauchte, sondern sehr wohl der Kategorie jener vornehmen, zum Theil verheiratheten, Damen angehören konnte, aus der König Peter seine Geliebten nahm[b]) —: so erinnere ich an jenes schon erwähnte, zu grofsem

---

a) Auf die Manier *Loredano's*, die von ihm vorgefundene, leider oft an sich schon stark getrübte, historische Überlieferung mit eigenem Beiwerk zu vermengen, um die geschilderten Ereignisse womöglich überall (und nicht selten in Diatriben von unsäglicher Fadheit) in einen subjectiv construirten, mehr oder weniger plausiblen, Zusammenhang zu bringen, sie nach seiner Meinung interessant zu machen und dem Verständnifs näher zu rücken, ein Verfahren, wodurch er oft weit mehr noch, als durch seine blofsen Irrthümer und Mifsverständnisse der objectiven Wahrheit und ihrer Ermittelung Abbruch thut, komme ich an anderem Orte noch zurück.

b) *Machairas* I, 127 ff. u. sonst. — Man denke auch nur an die Griechin *Maria* oder *Marietta* aus Patras, die Mutter *Jacob's II.*, des

Scandal gewordene, Liebesverhältnifs, welches Du Morf während Peter's letzter Reise in den Occident mit dessen Gemahlin Eleonore unterhalten hatte[a]), und das in seinen Consequenzen die wahnwitzigen Ausschreitungen Peter's sowie dessen Ermordung nach sich zog[b]). Vielleicht haben die Gerüchte, die darüber in Umlauf waren und wohl draufsen vielfach misverstanden wurden, den Bericht des Turkomânen, indem sie eine Illegalität mit der anderen ihn verwechseln liefsen, confundirt. Auch ist es denkbar, dafs in diesem Punkte erst unser Autor auf Grund von Angaben, die der Turkomâne über den Fall ihm machte, die Verwechselung begangen hat. Wenn diese Erklärung nicht vollkommen befriedigend ist, so wird sie, hoffe ich, doch nicht ganz unmöglich sein[c]).

Jacques le Bâtard sowie an die Mutter des oben erwähnten *Jean, Herrn von Bairût*, die Gemahlin von *Philippe de Coste* (Κός).

a) Vergl. *Machaut* V. 8056 ff. *Machairas* I, 130 f. 133 ff. *Lorcdano* I, 425 ff.

b) Ich werde an anderer Stelle, wo ich mich mit dieser ganzen Sache eingehender zu befassen habe, darzulegen suchen, dafs wohl noch andere Momente mit im Spiele waren, und wir allen Grund haben, auch die „übereinstimmenden Berichte der cyprischen Chroniken" nicht ganz und gar als baare Münze hinzunehmen.

c) Zu bemerken ist noch, dafs sich aus der arabischen Construction (ان لصاحب قبرس المذكور اخ [l. اخا] اكبر منه رزقه والده ريوك من امراة بوطا كانت عنده مقيمة والبُوطا بلغة الفرنج الفاجرة .... سماه ريوك الملك سُناجُوان دمُرف وسانكر ....), zumal bei der laxen Schreibart des Verfassers, mit voller Sicherheit nur ersehen läfst, dafs die erstgemachte Angabe, Peter habe einen älteren Bruder, Bericht des Turkomânen ist, mit annähernder Sicherheit vielleicht auch noch die folgende, es habe ihn sein Vater Riyûk von einem sich bei ihm aufhaltenden Buṭâ-Weib empfangen. Das Weitere kann so genommen werden, wie ich oben übersetzte (vergl. p. 23, Anm. 18); es kann aber auch, und zwar ganz, *oratio recta* sein. Wäre Jean du Morf dem Autor lediglich durch den Bericht des Turkomânen bekannt gewesen, so würde die erstere Auffassung zweifelsohne die richtige sein; es ist aber zu bedenken, dafs der Autor nach seinen weiteren Mittheilungen über Jean du Morf's Zug gegen Alexandrien i. J. 1369 noch directere Bekanntschaft mit demselben machte und ihn damals irrthümlich (vielleicht noch unter Misdeutungen anderer Art) für jenen Bru-

Den sodann weiter vom Verfasser noch erwähnten, von *Jean du Morf* im Juli 1369 auf Alexandrien gemachten, Angriff

---

der Peter's gehalten haben könnte, von dessen Existenz der Turkomâne ihm berichtete. Dafs dieser (oder der Autor) bei dem lebhaften Fremdenverkehr in Alexandrien und 'Alâyâ etwas Fränkisch (Romanisch, vielleicht auch Deutsch) verstanden habe und dabei durch mifsverständliches Etymologisiren (indem er das von ihm gehörte *Sunǵuwân Dimurf* etwa für *Don Juan d'amour* oder gar *Sun* (Sohn) *Juan d'amour* = *Jean, enfant d'amour* genommen) auf den Gedanken einer aufsereheliche Abkunft des *Jean du Morf* gerathen sei, halte ich für eine zwar nicht gänzlich ausgeschlossene, aber doch nur sehr entfernte, Möglichkeit.

Es liefse sich nun noch die Frage aufwerfen, ob nicht etwa der oben (p. 31) erwähnte *Guido* (*Guy*, Γγῆ, Γκῆ, *Jotin*), der wirkliche ältere Bruder Peter's, ein illegitimer Sprofs gewesen sei, und in der That kann nicht geleugnet werden, dafs sie sehr berechtigt scheint. Beachtenswerth ist zunächst, dafs bei der Verheirathung Guido's, und zwar wohl auf Anstehen seines Schwiegervaters, des Herzogs *Louis I. von Bourbon*, durch besonderen Vertrag festgesetzt wurde, dafs, wenn Guido vor seinem Vater, König Hugo IV., stürbe, der zu erwartende erstgeborene Sohn desselben mit Ausschliefsung Anderer dem Grofsvater in der Regierung folgen sollte. (Cf. das Schreiben von *Innocenz VI.* in *Raynaldi* Annales ad ann. 1360. l. c. VII, 55 sq. u. *Machairas* I, 56 f. 223). War Alles in Ordnung, so kann man fragen, ob denn nicht Guido's Sohn in solchem Falle als Sohn des Erstgeborenen auch schon ohne Vertrag successionsberechtigt gewesen wäre, was von Peter's Gesandten beim Papste später freilich unter angeblicher Berufung auf die Assisen und Anfechtung des Vertrags bestritten wurde*). Auffallend ist es ferner, dafs nicht Guido, sondern Peter zu des Vaters Lebzeiten den Titel *Graf von Tripolis* führte, welcher Titel in der Regel ja (cf. *Machairas* I, 47. 52) dem künftigen Thronfolger zukam. Weiter noch ist der grofse Altersunterschied zwischen *Guido*, dem Erstgeborenen, und *Peter*, dem Zweitgeborenen, sehr befremdlich, denn Peter wurde nach *Machaut* V. 130—136 (andere zuverlässige Nachrichten fehlen) am 9. October 1329 geboren**), also zu einer Zeit, als Guido

---

*) Nach Analogie gewisser Bestimmungen in Cap. CCCXXXI und CCCXXXIII der „*Assises de la Haute Court*“ in den Assises de Jerusalem ed. *Kausler*, Stuttgart 1839. I, 379. 382 allerdings, wie es scheint, nicht ohne Grund, doch vergl. dagegen *Du Cange*, Les Familles p. 71 über die Thronfolge Hugo's IV. In der griechischen Version der Assisen von Jerusalem und Cypern [*Baisse Court*] in *Sathas*' Bibl. Graeca med. aevi Bd. VI. Paris 1877 finde ich, wie in der entsprechenden Abtheilung bei *Kausler*, für den Fall nichts Analoges. Die übrigen Ausgaben und Redactionen der Assisen waren mir nicht zugänglich.

**) Peter's erste Vermählung hätte danach (cf. unten) wohl nicht vor 1343 stattfinden können; *Mas Latrie* im Arch. Venet. l. c. p. 333 (vergl.

melden auch *Machairas* und *Makrîzî*. Ich werde zunächst nach Ersterem (I, 158—161) kurz berichten.

Der Sulṭân zog die Friedensverhandlungen noch immer in die Länge, weshalb von cyprischer Seite verschiedene Kapereien in seinen Gewässern ausgeführt wurden, und zwar zum Theil auf Betreiben und mit Unterstützung des Gouverneurs, des Prinzen Johann, dem berichtet worden war, daſs der Sulṭân keinen Frieden schlieſsen wolle und [neuerdings] Christen ins Gefängniſs schicke. Der Prinz lieſs sodann vier Galeeren armiren, machte *Jean du Morf* [der eine derselben führte] zum Capitän und setzte drei weitere Ritter, worunter *Pierre de Sur* war, [als Untercommandanten] über die drei anderen. Die Galeeren liefen am Dienstag [?], 10. Juni 1369 (τῇ τρίτῃ, ι' ἰουνίου ͵ατξθ' Χριστοῦ, also 1369, nicht 1368, wie die französische Übersetzung hat) von Famagosta aus, gingen nach Sidon, das sie vergebens einzunehmen suchten, und machten dann Streifzüge längs der syrischen und armenischen Küste, wobei sie, bald mehr bald weniger vom Glück begünstigt, verschiedene Plätze plünderten und zerstörten. Nach einigen Zwischenfällen, die ich übergehe, richteten sie ihren Curs auf Alexandrien und drangen am Mon-

---

schon im Begriff war, sich zu vermählen. Endlich aber kann — ein Umstand, auf den bisher noch Niemand hingewiesen — Peter's Mutter, *Alix d'Ibelin*, schwerlich auch Guido's Mutter gewesen sein, da deren Vermählung mit Hugo IV. nach *Mas Latrie* im Archivio Veneto XXI, 323 am 17. September 1318 (nach *Loredano* I, 318 u. *Reinhard* l. c. II, Vorrede, weniger wahrscheinlich i. J. 1319) erfolgte, Guido sich aber nach den Urkunden bei *Mas Latrie* II, 140 ff. 144 ff. 149. 158—165 schon zu Anfang des Jahres 1330 verheirathete. Aus jenen Documenten, die vor einer Angabe des *P. Anselme* bei Reinhard l. c. I, 246, Guido's Vermählung habe 1334 stattgefunden, natürlich den Vorzug verdienen (vergl. auch *Du Cange-Rey* l. c. p. 72), ersehen wir zugleich (l. c. II, 145. 149), daſs Guido die Ehe erst nach erlangtem heirathsfähigen Alter, d. h. dort nicht vor zurückgelegtem 14. Lebensjahre, schloſs, wodurch die Incongruenz ganz evident wird. Ein Sohn der ersten Gemahlin Hugo's IV., der *Marie d'Ibelin*, die nach *Flor. Bustron* bei Mas Latrie

---

noch dessen Note 1 zu Machaut) nennt dafür bereits das Jahr 1342. Nach den Assisen, ed. *Kausler* I, 174 ff. CLVI f. u. *Sathas* l. c. VI, 113. 363 f. A. ρνβ. B. ρμη f. trat das heirathsfähige Alter, und zwar für beide Geschlechter, allerdings schon mit dreizehn Jahren ein; für das weibliche nach einer bei *Kausler* l. c. unter dem Text mitabgedruckten anderen Recension, ebenso nach CLV ibid. p. 173 sogar schon mit zwölf.

tag, 10. Juli [?] 1369, mit Gewalt in seinen Hafen [a]). Um zu erfahren, ob der Sulṭân Frieden wolle oder nicht, liefs der Capitän von seiner Galeere eine Barke ins Meer setzen und schickte sie mit einem Brief für den Emîr ans Land, worin er schrieb: „Unser Herr, der König, schickt Gesandte, die zum Sulṭân gehen sollen. Ich will sie ans Land steigen lassen; sende Leute, sie nach Cairo zu begleiten." Jener aber meldete ihm: „Mein Freund! Der Sulṭân ist gegenwärtig nicht gewillt, Frieden zu schliefsen, weil die Muslime ruinirt sind."

Die Galeere des Pierre de Sur fuhr [dann] in den alten Hafen von Alexandrien ein [also den westlichen, wie auch unser arabischer Autor berichtet], fand ein grofses Schiff aus Maġrib und griff es an. Dieses hatte 400 Mann an Bord und erhielt vom Lande Hülfe. Da die Galeere sah, dafs sie sich unnütz abmühte, meldete sie es dem Capitän, der dann mit den drei übrigen herankam. Sie kämpften heftig mit dem Schiffe, konnten aber Nichts ausrichten; vielmehr wurden von der Besatzung der Galeeren ungefähr 100 Mann verwundet. Als der Capitän die Vergeblichkeit des Unternehmens einsah, verliefs er den Hafen und steuerte auf die Halbinsel von Rosette zu (τὸ νησὶν τοῦ Ῥησίου — bei *Strambaldi* „isola de Rosetto" —) [b]), konnte aber nicht lan-

---

im Arch. Ven. l. c. p. 322 schon bald nach der Verheirathung, ohne Kinder zu hinterlassen, starb, kann er gleichfalls nicht gewesen sein.

Hat die lange und mühsame Untersuchung über *Jean du Morf* in Bezug auf die Angabe des Alexandriners nur zu einem negativen Resultat geführt, so ist es um so erfreulicher, sie schliefslich in ein Ergebnifs ausmünden zu sehen, das, wenn es sich voll bewährt, der schattenhaften Gestalt jenes Guido einige schärfere Umrisse gibt, uns zugleich aber viel klarer in die Genesis der Verwechselung unseres Autors blicken läfst, als dies im bisherigen Verlauf der Untersuchung möglich war. Überdies hoffe ich, dafs dieselbe auch in anderer Hinsicht nicht ganz umsonst geführt ist.

a) εἰς τὴν 'Αλεξάνδραν εἰς τὸν λιμιόναν. Es scheint, dafs hier zunächst der sogenannte *neue* (östliche) Hafen gemeint ist, da der Eintritt in den *alten* Hafen (εἰς τὸν παλαιὸν λιμιόναν τῆς 'Αλεξάνδρας) nachher erst erwähnt wird.

b) Dieselbe wurde öfter heimgesucht; siehe z. B. *Marin. Sanut.* l. c. p. 242 (wo mit „*Rexit*" Ras*ch*îd, Rosette gemeint ist) und die Angaben unseres Autors in Abschn. III. §. 4 von fol. 95^v u. 96^r. Bei *Machaut* V. 6328 heifst sie *l'ille de Rousset.*

den, weil gewaltiger Sturm war. Man zog dann fort und kam am 19. Juli nach Sidon, wo gelandet wurde. Die Gegend war aber gut bewacht und es kam zum Kampfe mit den Saracenen. Inzwischen erhob sich ein Sturm, die Leute kehrten in die Galeeren zurück und man gelangte nach Bairût. Als der Capitän sah, dafs die Mannschaft müde und verwundet war, liefs er wieder unter Segel gehen und gelangte nach Cypern zurück, wo man am Sonntag, den 22. Juli 1369 zu Famagosta Anker warf.

Die oben mitgetheilten Monatsdaten aus der cyprischen Chronik harmoniren nicht ganz mit den beigefügten Wochentagen. Der 22. Juli 1369 war wirklich ein Sonntag. Dagegen kann das Datum, an welchem die Galeeren in den Hafen von Alexandrien einliefen, nur Montag, 9. Juli oder Dienstag, 10. Juli, nicht aber Montag, 10. Juli 1369 gewesen sein. Auch war der 10. Juni 1369, an dem die Galeeren angeblich von Famagosta ausliefen, nicht ein Dienstag, sondern ein Sonntag.

Maḳrîzî berichtet über den Fall (bei Weil, Gesch. d. Chal. IV, 523, Note 4): „*Freitag den 8. Dsu-l-Hiddjah* [770; der achte jenes Monats war der 14. Juli 1369, aber kein Freitag, sondern ein Samstag, weshalb wohl der siebente gemeint ist] *traf die Nachricht ein, dafs vier fränkische Kriegsschiffe nach Alexandrien gekommen und die Stadt beschiefsen. Es zogen in der Nacht noch drei und zwanzig Emire (von Kahirah) aus, worunter drei Emire über Tausend, zehn Emire der Toblchaneh und zehn der Emire über zehn. Aber schon Samstag Abend erhielt man Kunde, dafs die Abendländer* [*Magribiner*] *und Turkomanen zu Wasser die Franken bekämpft, ihnen gegen hundert Mann getödtet und ein Schiff weggenommen haben.*“

Wie man sieht, stimmen die von unserm Autor über diesen neuen Zug gegen Alexandrien gemachten kurzen Angaben im ganzen recht gut zu den beiden anderen Berichten. Ein späterer Detailbericht, auf den er hinweist, findet sich im erhaltenen Theil des Manuscriptes nicht. — Siehe Vorrede p. XXI.

Fol. 37 v der Handschrift erwähnt er „*den am Bâb al-Akhḍar (grünen Thore) im westlichen Hafen Alexandrien's mit Sunǵuwân Dimurf, dem Sohne des Riyûk, erfolgten Zusammenstofs*“ gelegentlich noch einmal, ohne etwas Weiteres über diesen Gegenstand hinzuzufügen. Vielmehr verweist er auch da auf den Detailbericht, den er „*am Ende seines Buches*“ geben werde.

Loredano (II, 2 f.) erwähnt unterm Jahre 1369 den Zug unter dem Oberbefehl des „Grafen von Rochas“ (Jean du Morf) gleichfalls, läſst ihn aber nur gegen die syrische Küste gehen, wo eine Anzahl Städte geplündert und eingeäschert wird. Von Alexandrien ist daselbst keine Rede. Die Expedition bestand nach ihm aus sechs vom Gouverneur armirten Galeeren, denen sich noch Private mit Galeeren und sonstigen Fahrzeugen angeschlossen hatten. — Man vergleiche noch über die Situation, insbesondere über die damaligen Kriegsabsichten der gegen den Sultân wegen seines Verhaltens erbitterten Handelsrepubliken *Heyd*, Gesch. d. Levantehandels II, 60 sowie auch *Machairas* I, 161—164.

Schlieſslich sei erwähnt, daſs *Jean du Morf*, der mehrfach auswärtige Missionen und zu verschiedenen Zeiten groſsen Einfluſs hatte, auch auſser der alexandrinischen Invasion an noch anderen Kriegszügen König Peter's theilnahm[a]), nach *Machairas* I, 223—227 und *Loredano* II, 42 ff., getäuscht von den Genuesen, denselben im vermeintlichen Interesse seines Schwiegersohnes Hugo von Lusignan im Jahre 1373 die Citadelle von Famagosta in die Hände spielte. Gleich vielen anderen cyprischen Groſsen wurde (nach *Machairas* I, 306) auch er i. J. 1374 von den Genuesen ins Gefängniſs geführt, und zwar nach Chios. Wie *Loredano* II, 99 erzählt, starb er [1379?] plötzlich an der Tafel des jungen Königs Peter, wobei es anscheinend an Verdacht nicht fehlte, daſs er vergiftet sei.

Die Angabe von *Du Cange-Rey* (Les Familles p. 212. 311. 312), daſs auch Jean de Lusignan, Prinz von Antiochien, eine Tochter von Jean du Morf, zur Frau gehabt, und der natürliche Sohn des Ersteren, Jean (oder Janot) de Lusignan, Herr von Bairût, der sich gleichfalls (s. o.) mit einer Tochter des Du Morf verheirathete, auf diese Weise die Schwester seiner Stiefmutter geheirathet habe, ist falsch und beruht nur auf Loredano's irriger Bezeichnung Hugo's von Lusignan, Prinzen von Galiläa und Schwiegersohnes von Du Morf, als Prinzen von Antiochien. Derselbe Hugo wird an einer dieser Stellen (p. 311) noch besonders

a) Vergl. über ihn in dieser Hinsicht *Machaut* V. 2416 f. 4553. 8468. *Machairas* I, 57. 61. 76. 87. 91. 101. 108. 159 ff. 181. 190. 212. 223 ff. 306. *Loredano* I, 386 f. II, 2 f. 9. 13. 42 ff., ein Document bei *Reinhard* in den Beilagen I, 90 f. u. bei *Mas Latrie* II, 233 f.

als Schwiegersohn Du Morf's und dabei richtig als „compétiteur de Pierre Ier etc.", unrichtig aber, wie früher schon bemerkt, als *Hugues d'Antioche* und ebenso unrichtig auf derselben Seite (nach Loredano) als Oheim Peter's genannt[a]).

Vermöge einer doppelten Verwechselung hat *Loredano* an einer der schon erwähnten Stellen (II, 41 ff.) dem „Prince d'Antioche [d. i. de Galilée], gendre du Comte de Rochas", aufser dem, was diesem selbst zukommt, zum Theil auch noch das beigelegt, was nur auf den wirklichen Prinzen von Antiochien, *Jean de Lusignan*, den er bekanntlich *Prinz von Galiläa* oder häufig nur *Prinz* nennt, bezogen werden kann.

20) (p. 6.) *Al-Malik al-Aschraf* Scha'bân wurde Mitte Scha'bân 764 (gegen Ende Mai 1363) als zehnjähriger Knabe mit Umgehung seines Vaters Ḥusain auf den Thron erhoben. Siehe Näheres über ihn bei *Weil*, Gesch. d. Chal. IV, 510 ff., wo er noch die Ehrennamen *Abu 'l-Ma'âlî* [nach Deguignes *Abu 'l-Mafâkhir*] *Zain al-Dîn* hat, bei *G'amâl al-Dîn Ibn Tagrî Bardî* (*Abu 'l-Maḥâsin*), Maurid al Laṭâfa, ed. Carlyle, Cambridge 1792, p. 87 f. und *Deguignes*, Hist. des Huns, deutsch von Dähnert IV, 250 ff.

21) (p. 6.) Das Wort (etwa امير oder eher noch مقدّم oder تاتّك) fehlt in der Handschrift, und obgleich durch ein Zeichen als ausgelassen angedeutet, ist es doch nicht, wie in solchen Fällen, am Rande nachgeholt. Ich habe es ergänzt. Vor dem nachfolgenden الاتابكى scheint ebenfalls الامير zu fehlen. Vergl. z. B. Abschn. V. §. 8 von fol. 110r u. 117r الامير الاتابكى يلبغا الخاسكى u. الامير يَلْبُغا الاتابكى المعروف بالخاسكى, auch die betreffenden Stellen in Abschn. VI. §. 10 von fol. 184v u. ff.

22) (p. 6.) *Yalbugâ al*-Khâs[s]*akî*. Die richtige Schreibung des zweiten Wortes, das als ein allgemeiner Titel „*der Vertraute*" bedeutet, ist mit ﺹ ﺹ (خاصّكى). Vergl. *Dozy*, Supplément I, 346 und dazu *Fleischer* in den Berichten der phil. hist.

---

a) Gleichfalls unrichtig und auf einer von *Stephan von Lusignan* gemachten Verwechselung beruhend ist die Angabe von *Du Cange* l. c. p. 311, dafs Du Morf während Peter's [zweiter] Reise in den Occident Gouverneur des Reichs gewesen sei. Cf. *Francesco Attar* bei Mas Latrie III, 524, wo auch schon dieser Fehler ist.

Classe der Sächs. Gesellsch. der Wissensch. 1881, p. 32. Die Handschrift hat überall, wie oben, الخاسكى.

Genannter Yalbuġâ, den *Weil* an einer Stelle (Gesch. d. Chal. IV, 542) „*Jelbogha Alomri Alchafski Alnafsiri*“ nennt, war schon Majordomus von *al-Malik al-Nâṣir Ḥasan*, empörte sich gegen diesen und scheint ihn nach seiner Gefangennahme beseitigt zu haben. Um selbst das Regiment zu führen, setzte er es durch, daſs ein Sohn des früheren Sulṭân *Ḥâǵî* und Enkel des Sulṭân *Muḥammed al-Nâṣir*, der erst vierzehn- oder sechszehnjährige *Muḥammed*, mit dem Titel *al-Malik al-Manṣûr Abu 'l-Ma'âlî Nâṣir al-Dîn* zum Sulṭân erhoben wurde (9. G'umâda 'l-awwal 762 = 17. März 1361), lieſs ihn aber schon nach etwas mehr als zwei Jahren für blödsinnig erklären, entthronen und gefangen setzen. Dann gelangte der obenerwähnte, erst zehn Jahre alte Scha'*bân*, den *Yalbuġâ*, weil er selbst regieren wollte, dessen Vater *Ḥusain* vorgezogen hatte, auf den Thron. Manche behaupten (nach *Ibn Ḳâḍî* Sch*uhba* bei Weil a. a. O. IV, 511, Note 1), daſs er Ḥusain, der ungefähr acht Monate nach dem Regierungsantritt seines Sohnes *Scha*'bân starb, vergiftet habe. Die meisten hohen Ämter erhielten die Creaturen *Yalbuġâ's*, unter denen sich auch ein gewisser *Menkelibuġâ al*-Sch*amsî* befand, der mit jenem Μεχλὴν Πέχνα (Oxf. Ms. Πεχνάς) identisch zu sein scheint, welcher nach *Machairas* I, 123 einen genuesischen Gesandten, *Cassano Cigala*[a]), in Gegenwart des Sulṭân insultirte. Man vergleiche in dieser Hinsicht auch den Bericht über eine angeblich sehr folgenreiche Gefangenen-Affaire bei *Machairas* I, 85. 86. Dort

---

a) Dies ist nach einem Actenstück bei *Mas Latrie* II, 304, worin der (neben Paolo Giustiniani „*Paulus Justinianus*“ erwähnte) genuesische Gesandte „*Cassanus Cigala*“ heiſst, ohne Zweifel der richtige Name. Bei *Machairas* I, 121—125. 158. 163 findet sich dafür Καζάζε Γγαρέ, Κάζα Τεγγαρί, Καζάζε Γκαρέ, Καζάτζε Γκαρί, Καζατζὴν Γκάρε, Καζᾶ Τζηνγκαρέ, Καζάσου Γκάρε, Κατζηκάλε, Καζᾶς, Καζάζης etc., welche Varianten bei näherer Betrachtung (neben manchen anderen Indicien) die Vermuthung nahe legen, daſs unsere Handschriften der Chronik (oder eine ihnen zu Grunde liegende ältere Vorlage) ganz oder zum Theil nach mündlichem Dictat entstanden. In der französischen Übersetzung des *Machairas* (II, 123—127. 162) ist der obige Name unrichtig durch *Casa de Garri* (einmal, II, 167, durch *Casas Cicala*) wiedergegeben.

wird jener Μεχλὴν Πέχνα, der die erste Veranlassung (selbstredend nur noch ein neues Moment) zu Peter's Kriegszügen gegen die Saracenen gegeben und nachher den Frieden verhindert haben soll, der ἀμιρᾶς Μέλη Μπέχνα [Emîr Meli Bechna] und Μέλε (Oxf. Ms. Μελὲχ) Πέχνα genannt, und seine Identität mit jenem Menkelibugâ al-*Schamsî*, der im Jahre 1363 (nach *Weil*, l. c. p. 511; vergl. über ihn auch ibid. p. 508. 521. 523, Note 1) Statthalter von Damaskus war, ist noch dadurch bestimmter dargethan, dafs auch er (und dem Inhalt der Erzählung nach um die gleiche Zeit) als Herr von Damaskus (ἀφέντης τῆς Δαμασχοῦ) erscheint. Vergl. noch unten Πέχνα und Ἰοπέχνα für *Yalbugâ*.

Jener Yalbugâ, dem wir noch oft begegnen werden, spielte auch in den Angelegenheiten mit dem Abendlande eine Hauptrolle, wie dies schon (vergl. z. B. *Maḳrîzî* und *Ibn Ḳâḍî* Sch*uhba* bei Weil l. c. p. 513. 514. *Machaut* V. 5996—6164) der anfängliche Gang der Friedensunterhandlungen mit Cypern[a]) und den Handelscommunen zeigt. Mit Venedig stand er anscheinend in gutem Einvernehmen. Man sehe den Beschlufs des venezianischen Senates v. 25. Aug. 1366 (bei *Mas Latrie* II, 285), für eine ihm zu machende Sendung Jagdfalken, durch die man ihn verbinden wollte, bis zu sèchshundert Goldducaten auszugeben, und vergleiche auch die Note *Mas Latrie's* dazu. Von der grofsen Flotte, die er nach der alexandrinischen Invasion zur Verheerung Cypern's hatte bauen lassen, wurde ein Theil gegen ihn selbst verwandt, als seine Willkürherrschaft und beispiellose Grausamkeit nach einer Reihe innerer Kämpfe zu seinem Sturze führte. Vergebens suchte er noch, den Sulṭân, der sich an die Spitze der gegen ihn, Yalbugâ, rebellirenden Mamlûken gestellt, zu entthronen und dessen Bruder als Sulṭân einzusetzen. Er wurde besiegt, sodann in seinem Palast, wohin er sich, fast von Allen verlassen, geflüchtet hatte, gefangen genommen und bald darauf von einem seiner Mamlûken, die aus dem Gefängnifs ihn herausgeholt, enthauptet. Sein Kopf soll in Gegenwart des Sulṭân auf eine brennende Fackel gesteckt sein. Man vergl. *Weil* l. c. p. 502—518; auch *Abu 'l-Maḥâsin* l. c., ed. Carlyle p. 85—88 und *Deguignes*, Hist. des Huns, übersetzt von Dähnert IV, 249—254. Bei unserem Autor finde ich seinen Tod, der nach *Ibn Ḳâḍî* Sch*uhba*

a) Nach *Machaut* l. c. war er zweimal mit auf Cypern.

in der Nacht auf den 9., nach *Abu 'l-Maḥâsin* in der Nacht auf den 10. Rabî' al-âkhir 768 (13. oder 14. December 1366) stattfand, nicht erwähnt. Wenn *Machaut* also den Yalbuġâ, den er *Yrbouga*, *Irbouga*, *Irbougua* und *Irbourga* nennt, anscheinend noch vor Ankunft der fränkischen Gesandtschaft v. März 1367, also fast um die gleiche Zeit, wenn freilich auch in ganz unrichtiger Weise, umkommen läfst (V. 6154 ff.), so ist das gegenüber dem Bedenken betreffs der Identität von „*Irboga*" mit dem „*atabek Yelboga*" bei *Mas Latrie* II, 324 (f.), Note 2 chronologisch ganz in Ordnung. Die Flotte, von der bei *Mas Latrie* am genannten Ort nach *Abu 'l-Maḥâsin*, ed. Carlyle p. 87 die Rede ist, wurde nämlich im Jahre 1365/66, nicht 1376 gebaut[a]). Ein scheinbar widersprechendes Datum bei *Weil* l. c. p. 513, Z. 15 (wo statt 1368 zu lesen ist 1366) beruht auf einem Druckfehler. Yalbuġâ's Ermordung wird auch von *Machairas* (I, 106), und zwar nach Meldungen von Türken, die nach Gorigos kamen, wie folgt erwähnt: .... ἐσκοτῶσαν τὸν μέγαν ἀμιρᾶν ὅπου 'κουβερνίαζεν τὸ γένος τῶν Μουσθλουμάνων, ὀνόματι Πέχνα 'Ελλαζεζή ..... „... sie [die Emîre oder Mamlûken] hatten den Grofsemîr Namens *Pechna Ellazezi* getödtet, der das Volk der Muslime regierte", und eine Note an obiger Stelle fügt noch die Lesart des anderen (Oxford.) Manuscriptes mit „'Ιοπέχνα" für Πέχνα 'Ελλαζεζή sowie die Version *Strambaldi's* „il figliolo di Bechna", worin aus dem in 'Ιοπέχνα liegenden *Yalbuġâ* (siehe

a) Die Angabe von *Abu 'l-Maḥâsin* l. c.: „*In diesem Jahre* (وفى هذه السنة) *begann der Atâbek Yalbuġâ den Bau von Galeeren und Transportschiffen und man baute sie in kaum einem Jahre* . . ." bedarf einer Ergänzung durch die fehlende Jahreszahl 767 d. H. (18. Sept. 1365 [d. h. natürlich erst nach der Invasion im October 1365] bis 6. Sept. 1366), da die Stelle sachlich weder auf das zuletzt genannte Jahr سنة ثمان وسبعين [7]78, in welchem die Regierung von al-A*sch*raf *Sch*a'bân zu Ende ging, noch auf den vorhererwähnten Antritt der Regierung Mitte *Sch*a'bân [764] bezogen werden kann. Die Angabe am Schlufs des Abschnitts über die Zeit der Erdrosselung des Sulṭân (als i. J. 808 d. H. ثمان وثمانمائة statt 778 erfolgt) beruht auf einem offenbaren Schreibfehler. Dafs die Erbauung der Schiffe innerhalb Jahresfrist stattgefunden habe, meldet auch, wie wir noch sehen werden (in Abschn. VI. §. 10 von fol. 191 v; vergl. ibid. 191 r. 184 v und Abschn. V. §. 8 von fol. 117 r), unser alexandrinischer Autor.

„*Iolboga*" in dem oben p. 43 angeführten venezianischen Senatsbeschlusse) ein Sohn (!) von Bechna gemacht ist, hinzu. Hier lautet der Name Yalbuġâ's also (vergl. oben *Mechlin Pechna* — und Meli Bechna — für *Menkelibuġâ*) „*Pechna*" oder vielmehr „*Iopechna*" *Ellazezi* [arab. *al-'Azîzî*, der (ehemalige) Sclave des *'Azîz*], welch' letzteren Beinamen Yalbuġâ nach einer *Note* zu Machairas II, 108 auch bei *Maḳrîzî* zu haben scheint, der seinen Tod nach derselben Anmerkung schon in den Rabî' al-awwal 768 = November 1366 setzt. Weiter gibt *Machairas* noch (I, 106) als Grund der Ermordung an (womit man die ihrem Wesen nach nicht unähnliche Beschuldigung bei *Machaut*, V. 6159 ff. vergleiche), dafs es in Yalbuġâ's Absicht gelegen und er dem Sulṭân gerathen habe, mit Cypern Frieden zu schliefsen. Die chronologische Einreihung des Ereignisses bei *Machairas* (unter März 1367) pafst recht gut zu den obigen Daten von Ausgang 1366, und es wird auch noch Yalbuġâ's Nachfolger *Asandimur al-Nâṣirî* als der „Emîr Χασὰτ Νταμούρ" oder „Χασὰν Ταμούρ" dort genannt. Nicht übel charakterisirt *Machaut* den mächtigen Atâbek in den Versen 5996—6012:

Au Caire avoit un amiral,
Vuit de tout bien, plein de tout mal,
Qui estoit sages et soutis
Et à tout mal faire ententis.
Des mauvois estoit tous li pires,
Et des autres amiraus sires,
Et avoit le gouvernement
Dou soudan tout entierement,
De son regne et de son païs;
Et si estoit d'aucuns haïs,
Car on avoit moult grant envie
De son estat et de sa vie;
Son nom pas ne vous celeray,
Einsois le vous exposeray.
Irbougua estoit appellez,
Et se mieux savoir le volez,
C'est Yeux de buef[a]) *en droit françois.*

---

a) Das türkische بوغا, auch بوغه u. بغا (*buġâ*), ein in den damaligen Mamlûken-Namen sehr häufig vorkommendes Compositions-

23) (p. 7.) König Peter zog zweimal (gegen Ende 1366 und im Herbst 1367) gegen Tripolis in Syrien resp. die syrische Küste. Ich behalte mir einige Bemerkungen darüber für später vor, da der Verfasser auf beide Unternehmungen (von denen die letztere hier gemeint ist) zurückkommt. Der zugesagte Detailbericht findet sich jedoch auch da nicht vor.

24) (p. 7.) *Âyâs* oder *Lajazzo*, arab. آياس, armen. Այաս, Լայաս (s. *Abu 'l Fedâ*, Geogr. ed. Reinaud u. De Slane p. ٢٤٨ f. *Saint-Martin*, Mém. sur l'Arménie, Paris 1818/19. I, 198 f.), die bekannte Hafen- und Handelsstadt in Kleinarmenien an der gleichnamigen Bai (resp. dem Golf von Alexandrette), unweit der Grenze von Syrien und Cilicien und wahrscheinlich neben den Ruinen des alten Aegae. Bei *Machaut* (V. 6958 ff.) findet sich die arabische Benennung „*Alayas*"; bei *Machairas* (I, 115. 160. 357. 360) heifst die Stadt τὸ Ἀγιάσιν; noch andere Formen des Namens theilt *Mas Latrie* II, 74, Note 2 mit. Vergl. auch *Mannert*, Geogr. d. Griechen und Römer VI, 2. p. 51. Eine Geschichte des Platzes findet sich bei *Heyd*, Levantehandel, II, 79—94. Das Unternehmen gegen *Lajazzo* bildet das Ende jenes kurzen Raubzuges vom Herbst 1367, den Peter nach Abbruch der Friedensverhandlungen mit dem Sulṭân durch den Angriff auf *Tripolis* in Syrien eröffnet und dann gegen die weiter nördlich gelegenen Küstenplätze *Tortosa*, *Balanea* und *Laodicea* fortgeführt hatte. Dieser Überfall von Lajazzo (das durch den Sulṭân al-Nâṣir Muḥammed im Jahre 1322 dem König Leo V. von Armenien schon einmal entrissen, auch bereits viel früher mehrmals geplündert und i. J. 1337 noch einmal belagert, seit 1347 dauernd in der Gewalt der ägyptischen Herrscher geblieben war) hatte zunächst den gewünschten Verlauf; die Stadt wurde nach erfolgter Landung eingenommen und eine Menge Saracenen getödtet. Später aber (nach *Machairas* am andern Morgen) mufsten sich die Christen, als sich die anfangs geflohenen Muslime wiederum gesammelt hatten und das etwa eine Meile weit auf

glied, bedeutet freilich *Stier;* wie Machaut aber das ganze Wort durch „Ochsenaugen" übersetzt, ist mir nicht klar. Den Namen *Yalbuġâ* führten bekanntlich viele hervorragende Mamlûken. Vielleicht ist die Bedeutung (cf. pers.-türk. يل und يال) *Kraftstier, Heldenstier, Stiernacken* oder dergl.

einem Felsen gelegene Landcastell hartnäckig vertheidigten, mit Verlust zur Stadt zurückziehen. Als auch der Versuch, das derselben auf einer Insel gegenüberliegende und gut vertheidigte Meercastell zu stürmen, nicht gelang, brannten sie die Stadt nieder und schifften sich wieder ein. Dann segelten sie nach Cypern zurück, nachdem sie in einem „andern nahen Hafen" vergeblich noch acht Tage lang auf den hart bedrängten König von Armenien, der vor Lajazzo mit einem Heere zu ihnen stofsen wollte, gewartet hatten. Siehe Näheres bei *Machaut* V. 6943—7153 und *Machairas* I, 115. Nach *Makrîzî* und anderen arabischen Autoren bei Weil l. c. IV, 523, Note 1 wurde die von den Franken besetzte Stadt wieder verlassen, als *Menkelibugâ*, der damalige Statthalter von Haleb, anrückte. Mit Recht betont schon *Reinhard*, Gesch. des Königr. Cypern I, 257, dafs diese Eroberungen, die Peter seiner geringen Macht wegen nicht festhalten konnte, mehr räuberischen Überfällen, als kriegerischen Unternehmungen glichen, der ganze Vortheil in der Beute bestand, und die Wirkung war, die Ungläubigen immer mehr zu reizen. Und wenn *Loredano* I, 420 hinsichtlich der Plünderung und Verwüstung von Tortosa, das nach dem Überfall von Tripolis an die Reihe kam, bemerkt: „*Les Chrétiens ne laisserent pas d'y faire un riche butin; mais ils y commirent des cruautez inoüies, contraires au saint nom qu'ils portoient, toute l'autorité des Chefs ne pouvant arrêter l'insolence et l'avarice du soldat victorieux*", so pafst dies nicht minder auf die noch folgende, nicht mehr speciell von ihm erwähnte, Unternehmung gegen Âyâs, wie die Verse 7102 ff. im Bericht *Machaut's* treffend zeigen:

Et li Sarrazin qui estoient
En chastel, bien se deffendoient.
Mais la ville arse et si destruite
Fu, qu'elle ne vaut une truite.

Wirklicher Erfolge hatte sich Peter bei erwähntem Kriegszug freilich nicht zu rühmen, aber die Andeutung, die der Alexandriner bezüglich der Gröfse eines Mifserfolges macht, scheint gleichwohl übertrieben, wenn auch die Verluste in Tripolis, wie wir noch sehen werden, nicht unbeträchtlich waren.

Zusätze und Berichtigungen.

Seite VIII. Zeile 1 v. o. Zu den Worten „dieses späten Kreuzzugs“ ist als Note einzufügen: Eine quellenmäfsige Zusammenstellung von zahlreichen Kreuzzugsprojecten, die nach dem Fall von *'Akkâ* im Lauf der Jahre auftauchten und fast durchweg nur Projecte blieben, hat *Röhricht* in den Forschungen zur Deutsch. Gesch. XX, 115—119 gegeben. Vergl. dazu noch *Reinaud*, Extraits des Historiens arabes, nouv. éd. p. 575 f. *Weil*, Gesch. d. Chalifen IV, 210 ff. 256. 318. 335. 353 f. 511 ff. *Froissart*, Chron. herausgeg. v. Kervyn de Lettenhove VI, 370 ff. *Mas Latrie*, Hist. de l'Ile de Chypre II, 92 f. 118—129. 236—331. III, 720 f. 725 f. 736 f. 742—757. *Du Cange*, Les Familles d'outre-mer, ed. Rey p. 142 ff. 149. *Dulaurier*, Recueil des Historiens des Croisades, docum. armén. I, 701 f. 706 f. 708 f. 710. 718. 721 ff. *Heyd*, Gesch. d. Levantehandels II, 24 ff. u. A.

S. XI. Z. 6 u. 7 v. o. für „das erste und dritte“ lies „das dritte“.

S. XII. Z. 14 v. o. vor „*Ermisch*“ füge ein: *Streit* in Sybel's Histor. Zeitschrift Band 39 (Neue Folge III). München 1878. Heft III. p. 492 ff.

S. XII. Z. 16 v. o. statt „523 ff.“ lies „521 ff. Breslau 1879“.

S. XII am Schlusse der Zeile 10 v. u. setze nach Tilgung des Punktes hinzu: beziehungsweise *Hamaker*, Specimen Catalogi Codicum Mss. Orient. p. 201 sqq. *De Sacy*, Chrestom. arabe 2° éd. I, 112 ff. *Quatremère* in der Préface zur Histoire des Sultans Mamlouks von Makrîzî Band I. *Wüstenfeld* im Vorwort zu Makrîzî's Gesch. der Copten in den Abhandlungen der histor. philol. Classe der Königl. Gesellsch. der Wissensch. zu Göttingen, Band III. p. 7. Göttingen 1847. *Carlyle* in der Praefatio zu Abu 'l-Mahâsin's Maurid al-Latâfa p. III ff. *Juynboll* in der Praefatio zu der von ihm und *Matthes* begonnenen Ausgabe von Abu 'l-Mahâsin's al-Nuǵûm al-Zâhira I, 29 ff., auch *Hâǵî Khalfa* an verschiedenen Stellen.

S. 6. Z. 4 v. u. statt „*Khâs*[*s*]*akî*“ sollte „Khâs[*s*]*akî*“ stehen.

S. 8. Z. 14 v. o. statt „Fusse“ lies „Fufs“.

S. 20. Z. 7 v. u. nach „*Jaque*“ setze zu: Diese Form bieten auch seine Münzen und cyprisch-französisch geschriebene Documente.

S. 23. Z. 19 v. o. füge noch bei: Μουσρή(ν), Μουστρή(ν), Ταμουστρί.

S. 23. Z. 4 v. u. statt „Note b“ lies „Note c.“

S. 24. Z. 10 ff. v. o. sind zwei Siegel gemeint.

S. 24. Z. 19 v. u. schalte nach „*Je(h)an*“ ein: „und dem cyprisch-französischen *Johan*“ und tilge in der folgenden Zeile die Worte „noch eher“.

S. 24. Z. 1 v. u. (Note b) setze hinzu: Beide Formen mehrmals auch im *Reisebuch der Familie Rieter*, ed. Röhricht u. Meisner in der Bibl. d. Lit. Vereins in Stuttg. CLXVIII. Tübingen 1884. p. 37. 114. 120—146.

S. 30. Note a füge am Schlufs hinzu: Über den umfangreichen Jagdapparat des *Grafen von Joppe* vergl. noch die gelegentlichen Angaben in einem Document bei *Mas Latrie* II, 201.

Thesen.

I. Die arabische Phrase ضرب الدهر ضربانه besagt nicht, wie man übersetzt hat, *das Schicksal trieb sein Spiel* oder *das Schicksal theilte seine Schläge aus*, sondern *der Puls der Zeit ging seinen Gang* (wörtlich: *Es pulsirte die Zeit ihre Pulsirung*).

II. Das arabische سَجَنْجَل (*sağanğal* mit den Bedeutungen *Spiegel*, *Silber*, *Gold*, *Saffran* etc.), angeblich ein römisches oder griechisches Lehnwort (لغة رومية عربتها العرب), ist das lateinische *sexangulum*.

III. Die äthiopische Conjunction እስመ፡ scheint sich aus einem adverbialen Accusativ ስመ፡ (Wurzel ሰመየ፡) und prosthetischen Hülfsvocal (cf. arab. اسم), nicht, wie *Dillmann* (äthiop. Gramm. p. 97. 326; vergl. dazu ibid. p. 56) meint, aus einer Fragewurzel መ mit vorgesetztem demonstrativem ስ (ሰ) und erwähntem Vorschlaglaut እ gebildet zu haben, entspricht daher in der Grundbedeutung unserm *nämlich*.

IV. Dem ägyptischen Namen ῾Ρακῶτις, ⲢⲀⲔⲞϮ. ⲢⲀⲔⲞⲦⲈ (auf Stelen aus der Ptolemäerzeit 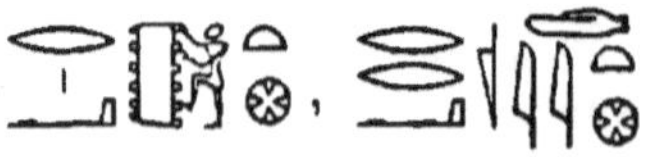 *R'âkoṭ*, *R'âkoṭî* — vergl. 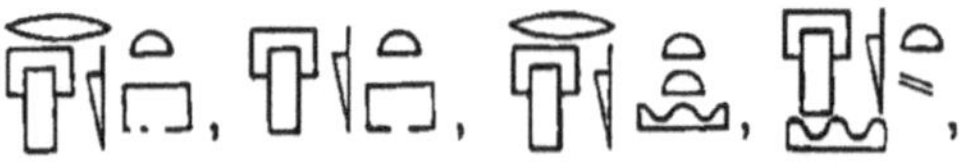  etc. — und in verwandten Formen auch demotisch) liegt ein den Städtenamen רַקַּת, الرَّقَّة entsprechender semitischer Lautcomplex mit der Bedeutung *Strandort*, *Uferplatz* (cf. رَقَّة *der Überschwemmung ausgesetztes Flufsufer*) zu Grunde.

V. *Firdôsî*, *Sch*âhnâme ed. Vullers I, 130. Distich. 23 ist statt وزاهريمن (oder وز آهرمن) zu lesen زآهْرِيمن.

VI. *Ibid.* p. 134. Dist. 98 ff. entstellt die eklektische Benutzung der Calcutt. und Paris. Ausg., von denen die Lesart der ersteren hier vorzuziehen ist, den in beiden verschiedenen Gedankengang und führt zu Widerspruch.

VII. *Sophokles*, Antigone: Die Verse 905 ff. sind echt trotz aller Anfechtungen.

VIII. *Ibid.* V. 958 ff. οὕτω τᾶς μανίας δεινὸν ἀποστάζει
ἀνθηρόν τε μένος . . . . .
ist der Sinn: *So trieft der Raserei furchtbarer, schäumender Geifer (schrecklicher Wuthschaum) herab.*

IX. *Ibid.* V. 1302 in λύει (nicht μύει oder κλῄει) κελαινὰ βλέφαρα bedeutet κελαινά nicht *vom Todesdunkel bedeckt*, sondern an und für sich *dunkel, schwarz.*

X. Dem mittelgriechischen βοτάνιν, βοτάνη in der Bedeutung *griechisches Feuer. Schiefspulver* liegt wie dem germanischen *Kraut* im zweitgenannten Sinne und dem türkischen اوت *ôt* (*Kraut*) in اغز اوتی *Zündloch-Pulver* und anderen Bedeutungen die Vorstellung von einem im allgemeinen aus Pflanzen in meist flüssiger oder pulveriger Form (الكيمياء, الاكسير *al-kîmiyâ'*, *al-iksîr*) zur Hervorbringung ungewöhnlicher physischer Wirkungen gewonnenen Mittel (*Heil-*, *Gift-*, *Zaubermittel*; cf. φάρμακον u. mittelgr. τὸ βοτάνιν, βότανον, βοτάνιον) zu Grunde.

XI. Bei Erforschung der Ursachen für die Überflügelung der Orientalen durch die Occidentalen während der letzten Jahrhunderte sind nicht religiöse Momente allein in Betracht zu ziehen, sondern vornehmlich auch dieses, dafs die Cultur der classischen Völker, die auf den Geist der Abendländer einen mächtigen Einflufs ausgeübt und mittelbar auch deren Überlegenheit in den exacten Wissenschaften herbeigeführt hat, dem morgenländischen Geiste durch die Natur der Umstände im grofsen Ganzen fremd blieb, sodafs die einseitige Richtung, die derselbe nahm, kein Correctiv fand.

XII. *Descartes* hat sein *Cogito, ergo sum* zu Consequenzen getrieben, deren es nicht fähig ist.

Vita.

Natus sum *Is. Ios. H. Paulus Herzsohn* in oppido *Schwelm Guestphalorum* pridie Non. April. a. h. s. XLII patre *Iosepho Herzsohn*, matre *Bernardina* e gente *Geldmacher*, quos ambo morte mihi ereptos esse valde lugeo. Literarum elementis imbutus undecimum annum agens patrium ludum literarum, quem *Höhere Bürgerschule* dicunt, adii et per quatuor annos et dimidium frequentavi. Quo relicto per tredecim annos in famulatu argentarii fui. Deinde per quatuor fere annos in maiore quadam, qua artes necessariae exercentur, officina certis operibus faciendis praefui ibique quoddam tempus procuratoris partes egi. E vinculis negotiorum valde mihi invisorum liberatus vere anni LXXIV *Argentoratum* me contuli, ubi civium in numerum academicorum receptus per quinque semestria studiis incubui, iisque, quae ad res naturales spectant, apud VV. Cll. *Baeyer*, *De Bary*, *Kundt*, *Rose*, *Schimper*, *Schmidt;* philosophicis apud *Laas*; philologicis apud *Boehmer*, *Luchs*, *Michaelis*, *Noeldeke*, *Vollmoeller*. Auctumno anni LXXVI propter res domesticas aliasque curas studia academica aliquamdiu intermittere coactus per id tempus, cum gymnasium non frequentassem, studiis privatis instructus in *Gymnasio Hammensi* testimonium maturitatis adeptus sum et magnam carminum epigrammatumque copiam composui, quae occasione data promam. Deinde auctumno anni LXXIX *Bonnam* migravi, studiis praecipue linguarum orientalium me daturus in hac alma *Universitate Rhenana*, ubi per undecies senos menses scholis interfui, quas VV. DD. *Aufrecht*, *Birlinger*, *Delius*, *Gildemeister*, *Iusti*, *Knoodt*, *Lamprecht*, *I. B. Meyer*, *Prym*, *Schaaffhausen*, *Schaarschmidt*, *Trautmann*, *Wiedemann* de philologia, philosophia, historia, aliis habuerunt.

Quibus omnibus praeceptoribus gratiam quam maximam omni tempore habebo. Imprimis autem Viros Doctissimos Clarissimos Gildemeister, Noeldeke, Prym grata semper prosequar memoria.

www.ingramcontent.com/pod-product-compliance
Lightning Source LLC
Chambersburg PA
CBHW020230090426
42735CB00010B/1634
* 9 7 8 3 7 4 3 6 2 9 0 9 7 *